BEI GRIN MACHT SICH II WISSEN BEZAHLT

- Wir veröffentlichen Ihre Hausarbeit,
  Bachelor- und Masterarbeit

- Ihr eigenes eBook und Buch -
  weltweit in allen wichtigen Shops

- Verdienen Sie an jedem Verkauf

Jetzt bei www.GRIN.com hochladen
und kostenlos publizieren

Jennifer Vana

Der Einsatz von Icons in der Kundenkommunikation der Telekommunikationsbranche

Eine Analyse zur Wahrnehmung, zum Verständnis und zu den Gestaltungskriterien von Icons zur deutlichen Verbesserung der User Experience

GRIN Verlag

Bibliografische Information der Deutschen Nationalbibliothek:

Die Deutsche Bibliothek verzeichnet diese Publikation in der Deutschen National-
bibliografie; detaillierte bibliografische Daten sind im Internet über http://dnb.d-
nb.de/ abrufbar.

Impressum:

Copyright © 2013 GRIN Verlag GmbH
Druck und Bindung: Books on Demand GmbH, Norderstedt Germany
ISBN: 978-3-656-82934-8

Dieses Buch bei GRIN:

http://www.grin.com/de/e-book/279167/der-einsatz-von-icons-in-der-kundenkom-
munikation-der-telekommunikationsbranche

GRIN - Your knowledge has value

Der GRIN Verlag publiziert seit 1998 wissenschaftliche Arbeiten von Studenten, Hochschullehrern und anderen Akademikern als eBook und gedrucktes Buch. Die Verlagswebsite www.grin.com ist die ideale Plattform zur Veröffentlichung von Hausarbeiten, Abschlussarbeiten, wissenschaftlichen Aufsätzen, Dissertationen und Fachbüchern.

Besuchen Sie uns im Internet:

http://www.grin.com/

http://www.facebook.com/grincom

http://www.twitter.com/grin_com

Major Project

Der Einsatz von Icons in der Kundenkommunikation der Telekommunikationsbranche.

Eine Analyse zur Wahrnehmung, zum Verständnis und zu den Gestaltungskriterien von Icons zur deutlichen Verbesserung der User Experience.

Module Name:	Major Project
Block:	----
Date Submitted:	14.10.2013
Award Name:	Bachelor of Arts, Web Development
Year:	2012/2013
Name:	Jennifer Vana
City:	Vienna
Country:	Austria

Inhaltsverzeichnis

Abbildungsverzeichnis

1 Einleitung

Die Vielfalt der derzeit eingesetzten Piktogramme begegnet uns permanent. So trifft man auf diese Art der Begriffsdarstellung im Straßenverkehr, auf Verkehrsschildern, auf Bahnhöfen, Flughäfen und sogar die kleinsten Wegweiser können mit einem Piktogramm in Verbindung gebracht werden. Weiters ist diese Form der Kommunikation selbst in digitalen Medien wie dem Internet zur Selbstverständlichkeit geworden. In Chat-Foren werden Emotionen über Smileys, auch als Emoticons bezeichnet, kommuniziert, Menünavigationen auf Webseiten werden immer öfter durch Icons ersetzt und selbst fachlich tiefgründige Begriffe werden beispielsweise in Customer Service Bereichen durch diese Art der Kommunikation unterstützt. Die Hersteller der mobilen Endgeräte setzen auf schlanke Displays, die Betriebssysteme werden trendig im so genannten „Flat Design" entwickelt und auch die Designer der Webbranche passen sich an und entwickeln immer öfter klare und einfach zu verstehende Webseiten. Digitale Medien sind aus unserem Alltag nicht mehr wegzudenken, denn wir kommunizieren und interagieren beinahe täglich über Mobile Endgeräte und PC´s. Grundvoraussetzung für diese Interaktion ist, dass wir so rasch wie möglich und so effizient wie nur möglich an unsere gewünschten Informationen kommen und dabei so wenig wie möglich kognitiv gefordert werden.

Der Markt in der Mobilfunkbranche steigt im Sektor Datenvolumen ungebrochen. Dieser Trend wurde von den marktführenden Anbietern A1, T-Mobile und Drei bereits vor einiger Zeit prognostiziert und daher wurden die Unternehmensprozesse dementsprechend angepasst. Um die Hotline des Bereiches Customer Service zu entlasten und unter anderem die Mitarbeiterkosten zu senken, werden nach und nach die Webseiten der Unternehmen erweitert. Ein großer Teil der Entwicklung wird in Kundenforen, auch Customer Service Seiten genannt, investiert, welche meist mit FAQ (Frequently Asked Questions) betitelt sind. Die Kunden werden nachhaltig motiviert Lösungen für ihre Probleme in diesem speziellen Bereich der Webseite selbst zu finden. Die Unternehmen möchten die Seitennavigation erleichtern und verwenden des öfteren für die verschiedensten Begriffe Icons und auch Icon-Text Kombinationen, um diese selbsterklärend und einfach darzustellen.

Das Ziel der vorliegenden Arbeit ist, zu untersuchen, ob die derzeit eingesetzten Icons in den Customer Service Bereichen der genannten Mobilfunkanbieter optimal gewählt wurden. Um das Wort optimal zu unterstützen wurden für die Beurteilung der Forschung, neben der Hypothese der Arbeit weitere Fragen entwickelt. Diese werden unter anderem im Anschluss der Forschung beantwortet.

Tragen Icons im Bereich der Kundenkommunikation einer Webseite der Mobilfunkbranche zur Benutzerfreundlichkeit und somit zum Verständnis bei oder sind dies lediglich optische Effekte, die Designer damit setzten möchten?

Nimmt die Zielgruppe im Bereich der Kundenkommunikation die Icons korrekt wahr oder benötigen diese immer eine Erklärung in Form eines Textes, um die Bedeutung überhaupt zu verstehen?

Entstehen durch den Einsatz von Icons nur Vorteile, wie zum Beispiel die Stärkung eines Brands oder auch Nachteile für die Unternehmen, da die Icons den Brand des Unternehmens gar nicht unterstützen?

Wie werden Symbole von der Nutzergruppe der Spezialisten gesehen, als verzichtbares Designelement oder als Element, das beispielsweise tatsächlich die Navigation im Customer Service Bereich erleichtert?

Durch diese Fragestellungen und mit Hilfe intensiver Recherche der Literatur entstand für die vorliegende Arbeit folgende Hypothese: Die These lautet, dass durch den einheitlichen Einsatz von Icons, welche nach bewährten Gestaltungskriterien für die Customer Service Bereiche der Telekommunikationsbrache entwickelt wurden, der Wiedererkennungswert und das Verständnis um ein Drittel gesteigert werden kann.

Im ersten Kapitel wird der Überbegriff Zeichen mit all seinen Detailbegriffen genau erklärt. Danach folgt ein kurzer geschichtlicher Überblick. Hierbei wird hauptsächlich darauf eingegangen, wie und vor allem, wann Piktogramme entstanden sind und wann deren Hochblüte zu verzeichnen war. Nachdem der Begriff Piktogramm und Icon aufgrund der Einkehr der digitalen Zeit flüssig miteinander verbunden werden kann, wird im Kapitel 2.2.2 versucht auch diese Verbindung detailliert zu erklären. In der vorliegenden Arbeit werden durchgängig die beiden Begriffe Piktogramm oder Icon verwendet, um das Darstellen von Bildern in der digitalen Welt bzw. auf Webseiten einen Schritt mehr zu vereinheitlichen. Im dritten Kapitel der Arbeit ist die Theorie zur Informationsverarbeitung zusammengefasst. Einleitend wird das Kapitel der Wahrnehmung inhaltlich in zwei Bereiche untergliedert. Einerseits werden die physiologischen, andererseits die psychologischen Aspekte zusammengefasst. Anschließend ist ein Kapitel zur menschlichen Aufmerksamkeit zu finden und abgerundet wird das Paket mit der Kognition und der Prozesserklärung des menschlichen Denkens und deren Verarbeitung im Gedächtnis. Um den praktischen Teil der Arbeit erledigen zu können, wird ein großes Kapitel der Gestalttheorie, deren Gesetze und Möglichkeiten für den Einsatz erläutert um den theoretischen Teil abzurunden.

Als Bindeglied zwischen dem theoretischen Teil, der Forschung und der Hypothese, wird ein eigenes Kapitel dienen, welches "Einordnung in den Forschungskontext" genannt wird. Der aktuelle Stand der marktführenden Mobilfunkanbieter wird hier zusammengefasst und markante Aspekte erklärt.

Im anschließenden Kapitel der Methodik werden die strukturierten Herangehensweisen für qualitative Befragungen und Interviews zusammengefasst und mit der Literatur von Lamnek (2008) unterstützt und untermauert. Danach wird es problemlos möglich sein, die geplante Durchführung der Forschung ausführlich zu beschreiben und die Herangehensweise auf Basis der ausführlichen Theorie zu stützen. Nach der Durchführung der qualitativen Forschung werden die Ergebnisse zusammengefasst und innerhalb dieser Arbeit dokumentiert, um diese für weitere Forschungsarbeiten zur Verfügung zu stellen.

All diese Kapitel werden dazu benötigt, um mit besten Wissen und Gewissen die Forschung der Arbeit eigenständig durchzuführen, Forschungsergebnisse mit der Basis der Theorie zu untermauern und die Fragestellungen und Hypothesen im Kapitel Ergebnisse kritisch zu beantworten. Zum Abschluss werden im Kapitel Zusammenfassung nochmals die Ergebnisse kritisch betrachtet und in Verbindung mit der einleitenden Hypothese verknüpft und erläutert.

In der vorliegenden Arbeit werden die Bezeichnungen Proband, User, Nutzer, Designer und Webdesigner für beide Geschlechter verwendet, wobei diese Verkürzung einzig und alleine auf eine Erleichterung des Leseflusses abzielt.

2 Aktueller Stand des Wissens

2.1 Kategorien der Zeichen

Um den Überblick zu gewährleisten, wird in diesem Kapitel der Zusammenhang zwischen den Zeichenarten und deren Anwendungsgebieten kurz dargestellt und erklärt. Grundlegend handelt es sich bei Zeichen um Informationsträger. Jedes Element, das den Menschen Informationen übermittelt, kann somit mit dem Begriff Zeichen versehen werden. Ein Zeichen ist aber auch ein Teil einer Schrift und wird sehr gerne mit dem Begriff Schriftzeichen verbunden. Schriftzeichen können prinzipiell aus Symbolen oder Piktogrammen bestehen und mit der Kombination eines Bildes, lassen sich Wortteile oder Begriffe einfach übersetzen und darstellen. Die Leserichtung der Zeichen ist immer von der Sprache und vom Kulturkreis abhängig, da beispielsweise Hebräisch von rechts nach links gelesen wird. Natürlich ist darauf bei der Erstellung von internationalen Zeichen unbedingt zu achten. (Hamann 2004, S.18)

> „Grundsätzlich steht Symbol für ein Bild oder ein Wort, das mehr aussagt, als auf den ersten Blick zu erkennen ist. Es repräsentiert eine Sache oder einen Inhalt. So steht beispielsweise das Horn-Symbol für das Unternehmen Post." (Charwat, 1994, S.421)

Das Symbol gibt oft eine übersinnliche Bedeutung an und stellt damit eine nicht wahrnehmbare Handlung dar. Es werden häufig polare Aspekte einer Sache ineinander verbunden und in einem Symbol dargestellt. Es symbolisiert ein übergeordnetes Ziel und setzt etwas in Bewegung. Es handelt sich in Verbindung mit Zeichen um eine visuelle Ausdrucksform, die oft mit dem Wort Sinnbild betitelt wird. (Müller, Lutz 2011) Die Ornamente hingegen haben wenig inhaltliche und auffordernde Bedeutung gegenüber den Menschen. Diese Zeichen werden hauptsächlich in typografischen Werken eingesetzt, um Texte auszuschmücken oder auch zu gliedern. (Böhringer, Bühler, Schlaich 2008, S. 359)

„Ein Piktogramm ist ein Bildsymbol, das der Betrachter mit einem bestimmten Begriff assoziiert." (Hamann 2004, S.19) Die Zeichen setzen voraus, dass sie leicht erkennbar, einprägsam und ohne Erklärung verständlich sind. Dadurch können Piktogramme zum sprach-unabhängigen Mittel der Kommunikation verwendet werden und finden ihren Einsatz sehr oft auf Bahnhöfen, auf Flughäfen und unter anderem in der Gestaltung von Verkehrszeichen. Piktogramme in Wissensdokumentationen oder im Computerbereich werden Icons genannt. (Böhringer et al. 2008, S. 359)

„Der Begriff „Ikonografie" steht für die Beschreibung von Bildern und wurde in der Antike verwendet." (Hamann 2004, S.19) Ein Icon repräsentiert in den meisten Fällen eine Tätigkeit oder eine Funktion oder er bildet ein Objekt oder einen Gegenstand ab. Daher handelt es sich meist um ein Bildzeichen und nicht um einen einzelnen Buchstaben. Diese Abbildung bzw. der Ikon löst im Bereich der Computer- oder der Onlinewelt eine bestimmte Funktion aus. Böhringer et al. (2008, S.359) schreibt, dass die Funktion und Bedeutung, welche sich hinter einem Icon verbirgt, in der Regel erst vom Anwender erlernt werden muss. (Thissen 2003, S.123)

„Der lateinische Begriff „signum" bezeichnet eine eingeschnitzte Marke und wird meist mit dem Wort „Zeichen" übersetzt." (Hamann 2004, S.21) Das Signet zeigt heutzutage ein Produkt, ein Image oder eine Marke, wobei dies eine Wortmarke, eine Wort-Bild-Marke oder auch nur ein Schriftzug sein kann. Vom grundlegenden Aufbau und den Anforderungen unterliegen Signets ähnlichen Ansprüchen wie Piktogramme. (Böhringer et al. 2008, S. 359)

Der Begriff „Logo" stammt aus dem griechischen und bedeutet „Wort". Ein Logo repräsentiert einzig und alleine das Produkt, die Idee oder die Kultur eines Unternehmens. Das Logo ist der Ausgangspunkt für das Erscheinungsbild und die Identität eines Unternehmens und besteht meist aus mehreren Buchstaben, welche aneinander gereiht werden. (Hamann 2004, S.21)

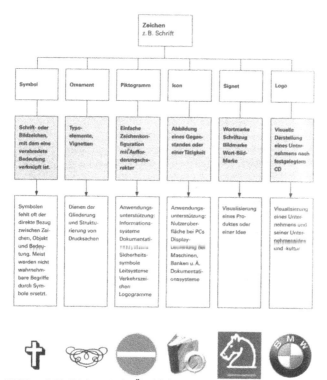

Zeichen z. B. Schrift					
Symbol	Ornament	Piktogramm	Icon	Signet	Logo
Schrift- oder Bildzeichen, mit dem eine verabredete Bedeutung verknüpft ist.	Typo-elemente, Vignetten	Einfache Zeichenkon-figuration mit Auffor-derungscha-rakter	Abbildung eines Gegen-standes oder einer Tätigkeit	Wortmarke Schriftzug Bildmarke Wort-Bild-Marke	Visuelle Darstellung eines Unter-nehmens nach festgelegtem CD
Symbolen fehlt oft der direkte Bezug zwischen Zei-chen, Objekt und Bedeu-tung. Meist werden nicht wahrnehm-bare Begriffe durch Sym-bole ersetzt.	Dienen der Gliederung und Struktu-rierung von Drucksachen	Anwendungs-unterstützung: Informations-systeme Dokumentati-onssysteme Sicherheits-symbole Leitsysteme Verkehrszei-chen Logogramme	Anwendungs-unterstützung: Nutzerober-fläche bei PCs Display-bedienung bei Maschinen, Banken u. Ä. Dokumentati-onssysteme	Visualisierung eines Pro-duktes oder einer Idee	Visualisierung eines Unter-nehmens und seiner Unter-nehmensidee und -kultur

Abbildung 1: Die Zeichenarten im Überblick.

2.2 Der Begriff Icon – Definition und Eingrenzung

Nachdem die einzelnen Begriffe für den Überbegriff Zeichen definiert wurden, werden im anschließenden Kapitel die Geschichte und die Entwicklung von Piktogrammen und Icons zusammengefasst.

2.2.1 Die Entwicklung der Piktogramme in den Zwanziger Jahren

Einer Vielfalt der derzeit eingesetzten Piktogramme begegnet man permanent. So trifft man auf diese wundervolle Art der Begriffsdarstellung im Straßenverkehr, auf Verkehrsschildern, auf Bahnhöfen, Flughäfen und sogar die kleinsten Wegweiser können mit einem Piktogramm in Verbindung gebracht werden. In Form von Hinweisschildern bleibt selbst der Arbeitsplatz nicht davor verschont. In digitalen Medien wie dem Internet ist diese Form der Kommunikation zur Selbstverständlichkeit geworden. Die derzeit eingesetzten Formen von Piktogrammen sind bei weitem nicht so alt, wie man vermuten würde. Der Begriff

Piktogramm kann im 21. Jahrhundert sowohl als geschriebenes Bild aber auch als bildhafte Schrift verstanden werden. So ermöglicht die bildhafte Schrift, symbolhafte Zeichen, Handlungsanweisungen oder erleichtert um ein vielfaches die Orientierung. Bereits vor tausenden Jahren haben Menschen gemalt und versucht Dinge oder Erlebnisse in Form von Zeichnungen festzuhalten. Menschen, Tätigkeiten und gemalte Ereignisse waren in der damaligen Höhlenmalerei wiederzufinden. Lange Zeit später wurden von den Menschen Schriftsysteme entwickelt. Hierzu zählen beispielsweise die Hieroglyphen von den Ägyptern oder auch die chinesische Schrift. Als Ausgangspunkt für alle Entwicklungen war immer das Bild zu sehen, welches als Symbol für einen umfangreichen Sachverhalt stand. Diese Abbildungen dienten dazu, um durch intensive Abstraktion und wachsende Stilisierung zum heutigen lateinischen Alphabet zu gelangen. (Heine 2012)[1]

Ganz anders verlief die Entwicklung der Piktogramme, denn diese hatte ihre Hochblüte im vergangen Jahrhundert. Durch die Internationalisierung, dem Personenverkehr und dem Individualverkehr wurde es notwendig eine von der Sprache unabhängige und internationale Verständigung zu entwickeln. In den 1920er Jahren entwickelte der österreichische Nationalökonom, Wissenschaftstheoretiker, Arbeiter- und Volksbildner Otto Neurath mit einigen Grafikern das erste Piktogramm System, dem im Jahr 1934 der Name ISOTYPE gegeben wurde. Isotype ist ein Akronym und steht für International System of Typographic Picture Education. Das System Isotype wurde für Aufstellungstafeln, als Kombination von Text und Bild, für Lehrzwecke und zur Information eingesetzt. Der Anspruch folgte einem extrem hohen Niveau zur Standardisierung und um diese zu erlangen wurde auf einfache Schemen reduziert. Dieses Potential konnte für die wichtigsten Bedürfnisse genutzt werden und so wurden zunächst für Reisende mit der Eisenbahn allgemein gültige Zeichen erfunden. Durch den instinktiven Aufbau und der erwähnten Einfachheit konnte diese Struktur für das individuelle Verkehrsnetz ohne weiteres erweitert werden. Die goldenen Zwanziger Jahre wurden nach dem Ende des ersten Weltkrieges eingeleitet. Die Wirklichkeit der Republik war grau, allerdings erlebte die Kunst und Kultur zu dieser Zeit eine unglaubliche Entfaltung und einen enormen Aufschwung. Die Menschen hatten Sehnsucht nach Genuss und Leidenschaft. Kinos wurden eröffnet, Sportveranstaltungen wurden von Menschenmassen besucht aber vor allem Musik und Tanz war ein großer Bestandteil der goldenen Zwanziger Jahre. Neben der Avantgarde existierte aber auch die bürgerliche Kultur, die weiterhin unbeeindruckt gepflegt wurde. (Fromm, Katsimardos 2012)[2] [3]

---

1 Url.: http://www.kroschke-blog.eu/kennzeichnung/piktogramme-%E2%80%93-vom-bild-zur-schrift-und-zuruck [Letzter Zugriff:05.09.2013]

2 Url.: http://www.historisches-lexikon-bayerns.de/artikel/artikel_44722 [Letzter Zugriff 05.09.2013]

Neuzeitliche Piktogramm-Systeme fanden ihren ersten Einsatz im Jahr 1964 bei den Olympischen Spielen in Tokio und danach 1972 in München. Otto Aicher (geboren am 13. Mai 1922 in Ulm, gestorben am 1.September 1991) war einer der wichtigsten Gestalter im 20. Jahrhundert. Er erarbeitete für die Olympischen Spiele in München das Gestaltungskonzept der eingesetzten Piktogramme. Diese werden noch heute verwendet und das Gestaltungskonzept von damals dient nach wie vor als weltweiter Standard. (Böhringer et al. 2008, S. 362ff)

2.2.2 Vom Pictogramm zum Icon des 20. Jahrhunderts

Das Piktogramm ist heute ein Bildzeichen, welches international lesbar ist und eine Bedeutung kommuniziert. Moderne Piktogramme lassen sich durch deren gleichen Aufbau, der gleichen Größendarstellung, durch einfache und einheitliche Ausprägungen der Figuren und der bereits erwähnten klaren Bildaussage erkennen. Ein weiteres Merkmal wären die logischen und üblichen Farbanwendungen, die vom Kulturkreis unabhängig gewählt werden. (Böhringer et al. 2008, S. 369)

Die Bedienung von grafischen Benutzeroberflächen löste eine Flut von neuen Piktogrammen aus, welche heute Icons genannt werden. Dieser Einfluss veränderte grundlegend die Medienwissenschaft, da sich nicht nur das Speichern und Austauschen von Informationen verändert hatte, sondern Icons veränderten auch die sprachliche Kommunikation zwischen Menschen mit unterschiedlichen Kulturen. Ähnliche Icons werden vom geübten Nutzer eines Computers beinahe von selbst verstanden und somit gehört das Erlernen von international verständlichen Icons zur Grundausbildung jedes Mediennutzers. (ebd. 2008, S. 375)

2.2.3 Symbole, Icons und Piktogramme im digitalen Zeitalter

Der Computer erstellt oder zeigt heute Bilder genauso schnell wie Buchstaben auf deren grafischen Benutzeroberflächen an. Gros (2006, S.9) schreibt darüber, ob es tatsächlich so beurteilt werden kann, dass langsam aber doch die Ökonomie des Schreibens in den Hintergrund und die des Lesens und Verstehens in den Vordergrund tritt. (Gros 2006, S.9)

Die Entwicklung in diesem Bereich nimmt kein Ende. In digitalen Medien wie dem Internet, auf Smartphones oder selbst die kleinen witzigen Emoticons (Smileys) in den E-Mails sind allgegenwärtig. Neue Anwendungen und neue Designvorschäge lassen neue Icons entstehen. Die Webdesigner von heute haben vielseitige Grafikprogramme zur Verfügung, mit denen man opulente Interfaces erstellen könnte, allerdings entwickelt sich der Trend derzeit in diesem Bereich in eine vollkommen entgegengesetzte Richtung. Der Trend, dem sich viele Grafiker und UI-Designer verschrieben haben, wird Flat Design genannt.

Winkelnkemper (2013)[3] schreibt, dass man früher im Webdesign gerne 3D-Effekte und Schattierungen zum Einsatz gebracht hat, hingegen geht heute der Trend in die Richtung wenig Farbe, wenig Tiefen und wenig Schatten. Diese Entwicklung zwingt die Designer über die Funktionalität der Designs noch intensiver nachzudenken und grafische Spielereien eher außer Acht zu lassen. Dieser Trend sollte für die Gestaltung von Icons unbedingt berücksichtigt werden, denn auch hier zählt für alle zukünftigen Entwicklungen „Die Form folgt der Funktion" und „Weniger ist mehr". (Zaglov 2013)[4]

2.3 Die Informationsaufnahme durch Icons

Im folgenden Kapitel fasse ich Anhaltspunkte zu der Psychologie der Wahrnehmung, der Aufmerksamkeit und das Themengebiet des Denkens zusammen, um die Kognition, die nötigen Bedingungen und den Verarbeitungsprozess für die Erstellung von Icons besser zu verstehen.

2.3.1 Die Wahrnehmung

Menschen brauchen die Wahrnehmung prinzipiell um sich mit ihren Sinnesorganen in der Umwelt zu orientieren, um Lebewesen oder Objekte zu entdecken und zu lokalisieren oder um das Erkennen von Bedeutungen zu erleichtern. (Guski 2002, S.7)

Das Auge nimmt Formen der Umgebung wahr und formt ein Abbild davon. Dieses Abbild dient als Grundlage für die Steuerung des Verhaltens, das Erkennen von Objekten und die räumliche Anordnung. Die Hornhaut und die Linse enthalten keine Blutgefäße und sind daher transparent. Die Größe und Form der Linse kann sich durch Ziliarmuskeln verändern und die Abbildungseigenschaften und die Sehbedingungen werden dadurch an die Umgebung angepasst. Die Größe der Pupille steuert die Menge des einfallenden Lichtes, wobei der Durchmesser meist zwischen zwei und acht Millimeter liegt und die Verkleinerung einer Pupille zu einer verbesserten Tiefenschärfe führt. Das Licht gelangt nach der Linse zum Glaskörper, welcher zwischen Linse und Retina liegt. Dieser Glaskörper ist mit durchsichtiger Flüssigkeit gefüllt und nimmt rund 80% des Augenvolumens ein. Von dort gelangt das Licht auf die Rezeptoren, die auch Stäbchen und Zapfen genannt werden. (Hagendorf et al. 2011, S.55)

---

3 Url.: http://t3n.de/news/welt-ward-flach-kritischer-478460/ [Letzter Zugriff: 15.09.2013]

4 Url.: http://t3n.de/news/flat-design-webdesign-trend-438941/ [Letzter Zugriff: 15.09.2013]

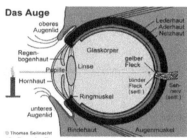

Das Auge

oberes Augenlid
Regenbogenhaut
Pupille
Hornhaut
unteres Augenlid
© Thomas Seilnacht

Glaskörper
Linse
Ringmuskel
Bindehaut

Lederhaut
Aderhaut
Netzhaut
gelber Fleck
blinder Fleck (seitl.)
Sehnerv (seitl.)
Augenmuskel

Abbildung 2: Der Aufbau des menschlichen Auges.

Die Stäbchen haben die Eigenschaft, dass sie Farben nicht wahrnehmen können und für den Einfluss von Licht hochempfindlich ausgestattet sind. Die Zapfen hingegen können Farben wahrnehmen, daher liegt die Lichtempfindlichkeit deutlich unter jener der Stäbchen. Die Zapfen benötigen die zweihundertfach größere Menge an Lichteinfluss als deren benachbarte Stäbchen. Bereits in diesem Stadium des Sehens findet die Umwandlung der Lichtenergie statt und dies dient zur wichtigsten Vorbereitung für die Wahrnehmung. (Mangold 2007, S.41)

Generell kann zwischen einem zentralen und peripheren System im Gesichtsfeld unterschieden werden. Mit dem zentralen Gesichtsfeld ist der starre Blick nach vorne gemeint, der mit rund 130 Grad in vertikaler Richtung und 150 Grad in horizontaler Richtung ausgestattet ist. (Kittner 1994, S.86) Mit dem peripheren Bereich wird alles außerhalb des zentralen Gesichtsfeldes bezeichnet. Mit dem zentralen Gesichtsfeld werden Dinge detailliert wahrgenommen und analysiert und die Aufmerksamkeit beispielsweise auf Farben ist in diesem Bereich am höchsten. Mit dem peripheren System wird hingegen permanent die Umgebung beobachtet, um auf den möglichen Richtungswechsel des Blickes vorbereitet zu sein. Das gesamte Sehfeld des linken Auges wird in der folgenden Abbildung innerhalb des dunkelgelben Kreises dargestellt. (Krech, Crutchfield 1992, S. 23)

Abbildung 3: Das Polardiagramm des Gesichtsfeldes des linken Auges.

Das visuelle Wahrnehmen ist nicht nur auf das Reizmuster, welches auf der Netzhaut abgebildet wird, einzugrenzen, sondern im Endergebnis und der gespeicherten Information befindet sich ein großer Teil der Interpretation des Betrachters oder der Betrachterin und die Anzahl der bereits verfügbaren und gespeicherten Daten im Gedächtnis. Die Wahrnehmung ist daher nicht wirklich wahr, sondern das Auge und der physiologische Sehvorgang sehen und das Gehirn nimmt mit der Basis der bisherigen Erfahrungen wahr. (Guski 2002, S19ff)

„Das Gedächtnis ist die Fähigkeit, Informationen zu speichern und abzurufen." (Baddeley 1986, S.13) Ohne Gedächtnis könnte man nicht denken, das Sehen und Hören wäre nicht möglich und man hätte keine Sprache und keine Möglichkeit Anliegen auszudrücken. Die Menschheit wäre sich nicht einmal über ihre persönliche Identität bewusst und somit nur als biologische Hülle anwesend. Das Gehirn hat hingegen zu anderen Organen wie beispielsweise dem Herz oder der Leber keine organische Einzelfunktion, daher ist dieses komplexe System in viele kleine Teile untergliedert und für die unterschiedlichsten Zwecke miteinander verbunden. Diese vielen kleinen Teile haben nur eine Sache gemeinsam und zwar die Speicherung von Informationen, welche zukünftig benötigt werden könnten. Somit kann man sagen, dass der Mensch nicht nur ein einziges Gedächtnis hat und selbst wenn ein Teil aus diesem System beschädigt wird, können Informationen in andere Teile gespeichert werden. Würden hingegen alle Teile versagen, dann wäre der Betroffene auf alle Fälle bewusstlos oder tot. (Baddeley 1986, S.13)

Nachdem das Gedächtnis nach wie vor nicht zu 100% erforscht ist, einigten sich Psychologen darauf, dass es im System des Abrufens von Informationen und des Erinnerns drei Gedächtnissysteme gibt. Zunächst bewahrt das sensorische Gedächtnis Reize wie Bilder, Töne, Gerüche und flüchtige Informationen für wenige Sekunden auf. Das Kurzzeitgedächtnis, welches Erinnerungen und Informationen nur einige Minuten lang speichert und zu guter Letzt das Langzeitgedächtnis, welches am ergiebigsten ist, denn dieses speichert Informationen für einen späteren Zeitpunkt und aus diesem stellt sich das grundlegende Wissen zusammen. Alle Erinnerungen, die im Langzeitgedächtnis gespeichert werden, durchlaufen zuvor das sensorische und das Kurzzeitgedächtnis und die Informationen werden darin verarbeitet. Eindrücke werden beispielsweise in Bilder und diese wiederum zu Muster umgewandelt. Diese Muster werden in bereits bestehende Netzwerke des Langzeitgedächtnisses eingeordnet und gespeichert. (Zimbardo 1995, S.315)

„Ständig haben wir die Wahrnehmung auf unterschiedliche Bereiche des Umfeldes auszurichten, um die unterschiedlichsten Informationen zu selektieren, Objekte zu identifizieren, Warnsignale aufzunehmen oder Handlungen vorzubereiten." (Hagendorf, Krummenacher, Müller, Schubert 2011, S.3)

Im Straßenverkehr wird man zum Beispiel permanent damit konfrontiert, die Geschwindigkeit einzuschätzen, den Radfahrer am Straßenrand zu beobachten oder auch der Beschilderung und damit dem Weg zu folgen. Die Bedeutung von Wahrnehmung ist hingegen viel weitreichender als lediglich zu sehen und zu hören, denn diese Informationen müssen im Gedächtnis erst ausgewertet werden. Dieser Vorgang wird Wahrnehmungsprozess genannt.

(Zimbardo 1995, S.159)

Der Wahrnehmungsprozess extrahiert aus verändernden, abgeänderten oder chaotischen Input gewisse Bedeutungen und strukturiert diese zu stabilen und sorgfältigen Wahrnehmungen, welche auch Perzepte genannt werden. Ohne diesen Prozess würde man Symbole im Screendesign nicht erkennen, Sonnenuntergänge nicht genießen oder den Schlag beim Tennisspielen nicht planen können. Charakteristisch passiert dieser Prozess unterbewusst und man kann diesen kognitiv nicht steuern. Dies bedeutet, dass die Wahrnehmung weitgehend von den kognitiven Prozessen abgeschottet ist. (Fodor, 1983, S.5)

Der Wahrnehmungsprozess kann in drei Abschnitte untergliedert werden und zwar in die Empfindung, in die Wahrnehmung und in die Klassifikation. In der ersten Stufe, in der sensorischen Empfindung, werden physikalische Energien umgewandelt. Die Gehirnzellen nehmen lediglich Informationen über Merkmale zur räumlichen Verteilung auf, welche sie von der Netzhaut übertragen bekommen. In der zweiten Stufe, welche im engeren Sinn Wahrnehmung genannt wird, wird der äußere Reiz in Form eine Bildes dem Gedächtnis repräsentiert. Die Repräsentation liefert eine Arbeitsbeschreibung der äußeren Umwelt für den Beobachter. Die Informationen werden im Gehirnprozess organisiert und modifiziert, sodass Reize in erkennbare Eigenschaften und Muster umgewandelt werden können. Vorgänge wie die Schätzung der Größe, der Form, des Umfanges, der Bewegung oder der Entfernung beruhen in der Wahrnehmung auf innere Berechnungen, wobei erworbenes Wissen aus der Vergangenheit meist mit aktuellen Informationen integriert oder verbunden wird. In der dritten Stufe und zwar der Klassifikation werden wahrgenommene Gegenstände oder Eigenschaften in bereits definierte oder neue Kategorien eingeordnet. So werden runde Objekte Fußbällen, Piktogrammen oder Icons zugeordnet, hingegen menschliche Gestalten als Freund, Feind, hübsch oder hässlich eingestuft. Zwischen der Wahrnehmung und der Klassifikation können keine klaren Grenzen gezogen werden, da diese automatisiert, einfach und leicht überlappend ablaufen. (Zimbardo 1995, S.160)

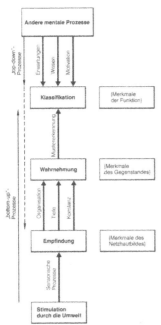

„Bei Bottom-up Prozessen wird die eintreffende Reizinformation als von bedeutungstragenden Gegenständen in der Umwelt kommend interpretiert. Top-Down-Prozesse haben ihren Ursprung im bereits vorhandenen Wissen, in Motivation, Erwartungen und anderen Aspekten höherer mentaler Funktionen" (Zimbardo 1995, S.162)

Abbildung 4: Die Empfindung, Wahrnehmung und Klassifikation.

Um verschiedene Objekte überhaupt wahrnehmen zu können, müssen Kontraste in der Helligkeit gegeben sein, damit diese vom Hintergrund getrennt werden können. Diese Kontrasteffekte lassen Grenzen wie Kanten, Ecken und die Größe von Formen erkennen. Der Helligkeitskontrast betont Regionen auf der Netzhaut und dadurch werden Grenzen erkennbar und die Form oder die Oberfläche schärfer. Daher nimmt man an, dass Flächen heller erscheinen, wenn viel Licht darauf reflektiert. Diese Annahme kann nicht bestätigt werden, denn wenn man beispielsweise kurze Lichtblitze betrachtet, dann ist die wahrgenommene Helligkeit eindeutig von der Dauer der Helligkeit abhängig und nicht von der Intensität. Die physikalischen Bedingungen wirken sich daher nicht auf den Helligkeitseindruck aus sondern auf die Kontrastleistung in der Wahrnehmung. Weiters spielt hierbei der Farbkontrast und der Größenkontrast eine Rolle, diese Kontraste werden auch Konstanzleistungen genannt. Der Wahrnehmungsapparat funktioniert so einwandfrei, dass man bei einer Abänderung der Konstanzleistungen nicht sofort darauf schließt, dass sich das Wahrnehmungsobjekt grundlegend verändert hat, da zuvor der gesamte Kontext des

Objektes oder der Fläche ausgewertet und wahrgenommen wurde. (Müsseler, Prinz 2002, S.39)

Die subjektive Wahrnehmung wird hingegen oft in der Gestaltung gezielt eingesetzt, um den Betrachter oder die Betrachterin bewusst zu täuschen und wichtige Botschaften zu vermitteln. Die optische Täuschung spielt hierbei grundlegend eine wichtige Rolle. Die Farbe wird genauso wie die Form von ihrem jeweiligen Umfeld beeinflusst. Die Wahrnehmung der Wechselwirkung verschiedenster Farben wird als Farbkontrast bezeichnet. Im Beispiel unterhalb wurden die Farben Grün und Cyan unterschiedlich mit Rot und Magenta kombiniert und wenn man die Objekte genauer betrachtet, ist die optische Täuschung überwältigend. Die Farben werden ausschließlich mit der Wechselwirkung der angrenzenden Farbe wahrgenommen.

Abbildung 5: Die Farbwirkung.

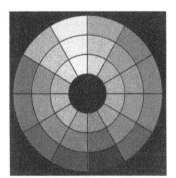

Das einfachste Mittel um Kontrastfarben auszuwählen ist einen Farbkreis zur Hand zu nehmen. Man wählt eine Farbe aus und die gegenüberliegende Farbe im Kreis kann als empfohlene Kontrastfarbe für kontrastreiche Gestaltungen herangezogen werden.

Abbildung 6: Der Farbkreis.

Nachdem Farben mehr bedeuten, als nur ein Markenzeichen oder ein Stilelement zu sein, hat der Mensch einige Assoziationen bereits gespeichert.

„Auch wenn Farbwissen anekdotisch angelegt ist, also auf Eigenerfahrung beruht, gibt es eine große Übereinstimmung im Farbempfinden, da innerhalb eines Kulturkreises die Eigenerfahrung mit der Kollektiverfahrung in hohem Grade übereinstimmt. Sonnig, eisig, luftig, nass, schmutzig wird von fast allen Menschen gleich empfunden und ähnlichen Farbwerten zugeordnet." (Alexander 2007, S.176)

Welche Farbe hat der Strom? Wenn diese Frage gestellt wird, werden viele "Gelb" antworten, da unter anderem die Firma Yellowstrom dafür gesorgt hat, dass ein Großteil den Strom mit der Farbe Gelb assoziiert.

Die Farbe Magenta und die Brandfarbe der Firma T-Mobile Austria steht im Bereich der Wahrnehmung in Verbindung mit Jugendlichkeit, Romantik, Dynamik, Wärme, Weiblichkeit und Kommunikation. Die ehemalige Brandfarbe der Firma Orange wird mit den Begriffen Energie, Wärme, Unruhe, Innovation, Dynamik, Spaß und

Abbildung 7: Die Farbassoziationen.

Vergnügen assoziiert und die Farbe Schwarz wird neben Grün in vielen Bereichen für den Brand A1 verwendet. Geheimnis, Tradition, Macht, Sachlichkeit, Kraft, Dunkelheit und Seriosität verbergen sich in der Wahrnehmung hinter der Farbe Schwarz und dies passt zum führenden Telekommunikationsunternehmen am österreichischen Markt hervorragend. (Böhringer et al. 2008, S. 12ff.)

2.3.2 Die Aufmerksamkeit

„Mit Aufmerksamkeit werden Prozesse bezeichnet, mit denen wir Informationen, die für aktuelle Handlungen relevant sind, selektieren bzw. irrelevante Informationen deselektieren. Selektion beeinflusst die Wahrnehmung (Selektion für die Wahrnehmung) und die Handlungsplanung und -ausführung (Selektion für die Handlungskontrolle) und umgekehrt." (Hagendorf et al. 2011, S.8)

Die Aufmerksamkeit ist daher mit der Wahrnehmung sehr eng verbunden. Man lässt sich jedoch in vielen Situationen sehr leicht ablenken und dies verändert die Basis der Konzentration. Allerdings ist es möglich, sich einzig und alleine nur auf ein Bild oder eine Situation zu konzentrieren und dabei alle anderen Reize herauszufiltern. Um die sogenannte selektive Aufmerksamkeit zu erlangen, muss betrachtet werden, wie tief man bereits beschäftigt ist. Möchte man in einem Webshop nach einem Geschenk suchen und man ist sich noch nicht ganz sicher, welches es sein soll, ist es relativ einfach, die Aufmerksamkeit auf schöne große Fotos oder eine Animation zu lenken. Wenn man sich jedoch auf eine bestimmte Aufgabe konzentriert und beispielsweise im Customer Service Bereich einer Webseite nach einer Lösung für ein Problem sucht, filtert man im Normalfall Ablenkungen heraus, wobei intensiv darauf zu achten ist, dass die erhöhte Aufmerksamkeit im Durchschnitt maximal sieben bis zehn Minuten anhält. (Weinschenk 2011 S. 96ff)

Wie bereits unter dem Punkt Wahrnehmung beschrieben, gibt es auch für die formale Gestaltung Reize, welche die Aufmerksamkeit des Betrachters unbewusst anziehen. Generell spricht Felser (1997, S.88) davon, dass bunte Reize wesentlich wirksamer als schwarz-weiße sind. Allerdings ist auch hier auf den Hintergrund und den Kontrast zu achten, denn mit einem bunten Hintergrund wirken schwarz-weiße Reize wesentlich stärker als bunte. Weiters ziehen größere Informationsreize die Aufmerksamkeit prinzipiell besser auf sich. Wenn hingegen das Informationsmedium bereits viele große Reize zur Verfügung stellt, sollte darauf geachtet werden, dass kleine Reize eher weniger Aufmerksamkeit für sich gewinnen können und hierzu der Kontrasteffekt dementsprechend hoch sein muss, um Zuwendung für das abgebildete Objekt oder Icon zu erlangen. Zu guter Letzt spielt zusammengefasst die Position des Objektes und in welcher Höhe dies im Gesichtsfeld des Betrachters liegt, eine große Rolle, wenn damit Aufmerksamkeit erlangt werden soll. Man kann davon ausgehen, dass rund 40% der Gesamtaufmerksamkeit im linken oberen Bereich eines Quadranten liegen, hingegen rund 15% und somit die geringste Aufmerksamkeit im rechten unteren Bereich. Hierbei ist zu beachten, dass sich diese Erkenntnisse und Muster auf den westlichen Kulturkreis beziehen, da diese mit der Leserichtung verbunden werden. Durch Auswertungen im Anschluss von Usability Tests mit der Eye Tracking Methode, anschließend unter dem Punkt 2.3.3 beschrieben, kann zusammengefasst werden, dass sich die Aufmerksamkeitsverteilung auf Bildschirmen wesentlich anders gestaltet und sich die oberhalb genannten Erkenntnisse eher auf den gedruckten Bereich beziehen. Die Aufmerksamkeitsverteilung einer Webseite orientiert sich an der Navigation und dem Schema einer Seite und wie deren Inhalte, Objekte und Icons angeordnet werden. (Felser 1997, S.88)

2.3.3 Die Kognition

„Die Kognitive Wissenschaft (cognitive science) ist ein umfassender interdisziplinärer Ansatz zur Untersuchung der Systeme und Prozesse der Informationsverarbeitung." (Zimbardo 1995, S.357)

Kognition ist der Begriff für die Formen des Erkennens und des Wissens. Zu diesen Formen gehören das Erinnern, Urteilen, Vorstellen, Antizipieren, Planen, Entscheiden und das Mittteilen von neuen Ideen. Die Kognition findet unter anderem in der Klassifikation der Wahrnehmung statt, welche bereits unter dem Punkt 2.3.1 beschrieben wurde. Das Denken ist großteils von den Informationen aus der Umwelt abhängig. Um fortlaufende Denkvorgänge zu identifizieren, kann das Auge eine sehr reichhaltige Datenquelle sein. (Zimbardo 1995, S. 361)

In unzähligen Usability Tests wurde bereits darauf gesetzt mit der Eye Tracking Methode die Muskelbewegungen der Augen aufzuzeichnen. Ergänzend zum Punkt 2.3.1 Wahrnehmung, wo unter anderem die physikalische Funktion des Auges beschrieben wurde, wird anbei die Blickbewegungsforschung im Zuge der Eye Tracking Methode erläutert, um die Vorgänge und die Kognition besser zu verstehen. Grundlegend lassen sich verschiedene Arten der Augenbewegung klassifizieren.

- Fixation: Davon spricht man, wenn ein bestimmter Punkt im Raum oder auch auf einer Webseite fokussiert wird und eine bestimmte Stelle mit dem Auge erfasst wird.

- Saccade: Davon spricht man, wenn der Blick von einer Fixation zur nächsten springt.

Ein Großteil der Augenbewegungen sind abwechselnd Fixationen und Saccaden. In den Fixationsphasen werden bereits neurologische Informationen an das Gehirn weitergeleitet, die in den Saccadenphasen ausgewertet werden. Wie lange die Fixation oder die Saccade dauert, hat einen biologischen Hintergrund und zwar kommt es beispielsweise darauf an, ob die beobachtete Person müde ist, wie alt sie ist und welches Geschlecht sie hat. Natürlich spielen auch individuelle Faktoren eine Rolle, denn die Länge der gemessenen Augenbewegungen hängt auch mit den Gewohnheiten, Erfahrungen und dem generellen Interesse der Person zusammen. Die Wechselwirkung zwischen Betrachter und Objekt macht die Eye Tracking Methode sehr interessant, da das Gesehene und die kognitive Verarbeitung dabei im Mittelpunkt stehen und damit die Qualität des visuellen Gegenstandes, der beobachtet wird, sehr gut beurteilt werden kann. (Url.: http://www.e-teaching.org/didaktik/qualitaet/eye/ [Letzter Zugriff: 08.09.2013]

2.4 Ansprüche an die Umsetzung und Gestaltung von Icons

Im folgenden Kapitel werden die Gestaltungsregeln für Icons erörtert. Bevor dies geschieht, sollte man sich mit folgenden Fragen grundlegend auseinander setzen. Welche Information möchte man zwischen Sender und Empfänger vermitteln? Welches Zeichen und welches Signal soll damit gesetzt werden?

Für diese Fragen sollte man die Gesetzmäßigkeiten der menschlichen Informationsverarbeitung und Informationsaufnahme kennen, um mit dem Einsatz von diesen Gesetzen den Gestaltungsprozess umzusetzen. (Mangold 2007, S.35)

2.4.1 Leitsätze der Wahrnehmungs- und Gestaltpsychologie

„Wahrnehmung lässt sich definieren als ein bio-psycho-sozialer Vorgang, durch den der Mensch Informationen aus seiner Umwelt (äußere Wahrnehmung) und aus seiner emotional psychischen Welt (innere Wahrnehmung, Gefühlswelt) erhält und sich daraus seine individuelle Wirklichkeit gestaltet (Welt-Sicht)." (Klube 2009, S.73)

„Grundlegend für die Gestalttheorie ist die Annahme, dass der Wahrnehmungsprozess nicht vollständig verstanden werden kann, wenn man ihn nur in immer kleinere Teil zerlegt. Wahrnehmung ist mehr als die Summe dieser Teilprozesse – gemäß der Maxime: Eine Gestalt ist mehr als die Summe der Einzelteile." (Zimbardo, Gerrig 1999, S.132)

„Die Gestaltungspsychologie ist als eine empirische Theorie zur Aufklärung der Leistungen der Wahrnehmung entwickelt worden. Sie kennt das Phänomen der menschlichen „Strukturerwartung" als Hypothese des dem Menschen wesenseigenen Wunsch nach Ordnung." (Alexander 2007, S.25)

2.4.2 Gestaltpsychologie und deren Gesetze

Die subjektive Beurteilung und Wahrnehmung, welche schon im Punkt 2.3.1 erwähnt wurde, spielt in der Gestaltung eine große Rolle, daher sollten unter anderem die urteilsbeeinflussenden Gestaltungsgesetze, die zur Strukturierung von Elementen beitragen, bei der Entwicklung von Icons unbedingt berücksichtigt werden. (Hamann 2004, S.59) Nachdem bereits über hundert Gestaltungsgesetze entwickelt wurden, allerdings nur einige davon für die grafische Gestaltung relevant sind, werden auch nur diese im folgenden Abschnitt aufgelistet.

2.4.2.1 Gesetz von der einfachen Gestalt

Des öfteren wird das Gesetz der einfachen Gestalt auch das Gesetz der guten Form genannt. Wenn man ein Bild mit zusammengekniffenen Augen betrachtet, dann reduziert sich das Motiv auf die grundlegenden Formen. In dieser Form des Betrachtens gilt die Wahrnehmung nur den einfachen geometrischen Gestalten. Das Gesetz der einfachen Gestalt wird in der Gestaltungspsychologie auch als Grundgesetz der menschlichen Wahrnehmung gehandelt. (Böhringer et al. 2008, S. 41)

2.4.2.2 Gesetz der Nähe

Abbildung 8: Der Punktraster.

Jegliche Objekte oder Formen, die dicht beieinander liegen, werden vom menschlichen Gehirn als ganze Form interpretiert. Das Gesetz der Nähe, möchte damit ausdrücken, dass man beispielsweise Reihen besser erkennen kann, als einzelne Punkte. (Hamann 2004, S.60)

2.4.2.3 Gesetz der Geschlossenheit

Abbildung 9: Die subjektiven Konturen.

Wenn optische Reize als Einheit wahrgenommen werden können, dann spricht man vom Gesetz der Geschlossenheit. Elemente, Objekte oder Formen, die in sich geschlossen sind und auch noch von einem geschlossenen Element umgeben sind, vermitteln immer den Eindruck der Zusammengehörigkeit. Nachdem Menschen einfache Grundformen besonders gut wahrnehmen können und immer den Drang zur gedanklichen Ergänzung haben, werden diese Formen empfohlen, da sich einige Vorteile daraus ergeben können. Logos oder auch Icons werden in ihren Grundformen rascher erkannt und lassen durch ihre Einfachheit ausreichend Spielraum für Interpretation. (Geißler 2010, S. 113)

2.4.2.4 Gesetz der Ähnlichkeit / Gleichheit

Elemente oder Objekte, die einerseits dicht beieinander liegen und andererseits ähnliche Eigenschaften aufweisen, werden als Ganzes oder als Einheit wahrgenommen. Selbst wenn sich die Formen voneinander unterscheiden, reicht es aus, wenn diese die gleiche Größe haben. Somit wird mit dem Gesetz der Ähnlichkeit beschrieben, dass man gerne und einfach neue Grafiken oder Icons aus einzelnen gleich großen Elementen definieren kann, die als Gruppe dargestellt werden. (Hamann 2004, S.61)

Abbildung 10: Das Gesetz der Gleichheit

2.4.2.5 Gesetz der Erfahrung

Wie bereits unter Punkt 2.3.1 Wahrnehmung erwähnt, versucht unser Gehirn ständig neue Reize und Informationen in bestehende Muster des Systems einzuordnen und somit Bekanntes oder bereits Gesehenes abzurufen. Jeder neue Reiz oder jeder neue Eindruck wird mit einer bereits gespeicherten Information im Gehirn abgeglichen. Das Gesetz der Erfahrung verhält sich ähnlich wie das Gesetz der Geschlossenheit, denn es reicht, wenn nur Teile eines Objektes beispielsweise in einem Logo oder Icon gezeigt werden. Wird dieses Objekt einwandfrei erkannt, ergänzt das Gehirn den fehlenden Teil automatisch. (Geißler 2010, S. 115)

Abbildung 11: Das „E" unter Berücksichtigung der Erfahrung.

2.4.2.6 Gesetz der Figur Grund Trennung

„Das Objekt der Wahrnehmung muss sich vom Umfeld abheben, damit Sie es wahrnehmen können."(Böhringer, Bühler, Schlaich 2008, S. 47) Die Raumverteilung, der Kontrast, die Konturen oder auch die Verteilung der Farbe muss dementsprechend unterschiedlich sein, damit sich der Hintergrund eindeutig vom eigentlichen Objekt abheben kann. Diese Regel ist für alle grafischen Produktionen vom Designer oder der Designerin zu beachten, da diese auf alle Bereiche angewendet werden kann. (Hamann 2004, S.62) Ausschnitte davon

Abbildung 12: Ein Forschungsbild von Edgar Rubin (1885-1951).

wurden bereits unter dem Punkt 2.3.1 Wahrnehmung beschrieben.

2.5 Einordnung in den Forschungskontext

Mit den Grundlagen der theoretischen Erkenntnisse, die in den vorherigen Kapiteln umfangreich beschrieben wurden, werden in den folgenden Teilen der Arbeit Untersuchungen zum Thema Icons im Screendesign der Telekommunikationsbranche durchgeführt. Der Markt in der Mobilfunkbranche steigt im Sektor Datenvolumen unaufhaltsam. Dieser Trend wurde von den marktführenden Anbietern A1, T-Mobile Austria und Drei bereits vor einiger Zeit prognostiziert und dadurch wurden auch die Unternehmensprozesse dementsprechend angepasst. Um die Hotline des Bereiches Customer Service zu entlasten und unter anderem die Mitarbeiterkosten zu senken, werden nach und nach die Webseiten der Unternehmen erweitert. Ein großer Teil der Entwicklung wird in Kundenforen und Serviceseiten investiert, welche meist mit FAQ (Frequently Asked Questions) betitelt sind. Die Kunden werden nachhaltig motiviert Lösungen zu ihren Problemen in diesem speziellen Bereich der Webseite selbst zu finden. Um dem Kunden die Seitennavigation zu erleichtern, werden bei den drei gewählten Unternehmen A1, T-Mobile Austria und Drei für verschiedenste Begriffe Bilder verwendet, um die Fachbegriffe zu unterstützen oder selbsterklärend darzustellen.

Der marktführende Konzern A1 setzt in der Gestaltung der Webseite bereits auf klares Design, strukturierten Inhalt und folgt somit dem erwähnten Trend, welcher bereits unter Punkt 2.2.3 beschrieben wurde. Die Brandfarbe setzt sich aus der Farbe Schwarz und einem leuchtenden Grün zusammen. Wolf (2011, S.75ff) schreibt, dass die Farbe Grün eine absolute Sonderstellung im Farbkreis einnimmt. Grün wird aus einem warmen Gelb und einem kalten Blau gemischt und vereint damit die Gegensätze der beiden Farben, welche von Härte und Weichheit, Intellekt und Intuition bis hin zur Aktivität und Passivität reichen. Mit der Farbe Grün bringt man sehr gerne Assoziationen wie Balance, Harmonie, Ruhe und Zeitloses in Verbindung. Die Farbe Schwarz ist hingegen stark absorbierend und schluckt viele Lichtwellen in der Umgebung. Schwarz wirkt daher oft komplex, tief, sättigend, weich oder auch ruhend. Für den Hintergrund der Webseite wurde die Farbe weiß gewählt. Diese Grundfarbe erscheint klar, hell und seriös. Unter dem Menüpunkt Hilfe und Support ist der Unterpunkt Fragen und Antworten zu finden. In diesem Bereich werden sieben Begriffe anhand von Icon und Text, Kombinationen mit der Kontrastwirkung schwarz-weiß, dargestellt.

Bei T-Mobile Austria ist auf der Webseite ein eigener Menüpunkt, welcher mit FAQ betitelt wurde, zu finden. In diesem Bereich werden in eigenen Blöcken Fachbegriffe bzw. Navigationspunkte mit Icons gezeigt, wobei alle Punkte mit zusätzlichen Erklärungen untermauert werden. Die gesamte Seite ist in den Unternehmensfarben Weiß und Magenta gehalten. Wolf (2011, S.146ff) schreibt, dass es sich bei der Brandfarbe Magenta von T-Mobile Austria um Assoziationen wie kraftvoll, mächtig, leuchtend, anregend und intensiv handelt. Die Zweitfarbe Weiß wird hingegen sehr gerne mit den Begriffen pur, klar, rein und makellos in Verbindung gebracht.

Nachdem das Unternehmen Orange von der Firma Drei aufgekauft wurde, war der Grundstein gelegt, die beiden Unternehmen miteinander zu verschmelzen. Für die neue Marke und deren Webseite wurde eine neue Corporate Identity umgesetzt. Bei der Konzeption der Webseite wurde bereits mit neuen Trends der Klarheit und Reduzierung gearbeitet. Die Firma Drei hat wohl einen eigenen FAQ Bereich, welcher unter dem Menüpunkt Kontakt und Hilfe zu finden ist, allerdings werden in diesem Bereich eigene Themenblöcke mit Text-Bild Kombinationen dargestellt. Diese Bilder sehen aus wie Icons, allerdings wurden diese nicht zum Anklicken programmiert. Die Webseite verleiht generell einen Hauch von Retro-Look, wobei auch hier im Hintergrund auf die Farbe Weiß gesetzt wurde.

Zusammenfassend kann gesagt werden, dass alle drei Unternehmen Bild-Text Kombinationen zum Einsatz bringen, allerdings für unternehmensübergreifende gleiche Kategorien unterschiedliche Icons wählen und auch der Text weist Unterschiede auf, obwohl alle drei Unternehmen ähnliche Produkte anbieten und Funktionalitäten für eine ähnliche Zielgruppe vertreiben. Wie bereits erwähnt, wird mit dieser Arbeit hinterfragt, ob durch die einheitliche Gestaltung von Icons in Customer Service Bereichen in der Mobilfunkbranche und deren Webseiten, die User Experience gesteigert werden kann und weiters, ob diese Icons das Potential haben, ohne zusätzlichen Text erkennbar zu sein und korrekt wahrgenommen werden können.

3 Methodik

Die Probandengruppe besteht aus rund 15 Personen, die im Durchschnitt 28 Jahre alt sind. Nachdem es sich bei den Probanden um Personen handelt, die täglich mit dem Web und der Navigation auf diversen Webseiten beschäftigt sind, wurde eine sehr erfahrene Spezialistengruppe für das Experiment eingeladen und die qualitative Forschungsmethode bevorzugt. Diese Art der Forschung zeichnet sich methodologisch durch Reduktion, Standardisierung, Vergleichbarkeit und zu guter Letzt durch gute Messbarkeit aus. Der Forscher geht dabei meist von der zuvor definierten Hypothese aus, die durch das Experiment analytisch und kritisch geprüft werden sollte. Lamnek (2010, S.584) meint, dass sich das qualitative Experiment gegenüber der Quantität, auf der Ebene des Konkreten und

Besonderen fungiert. Damit die Wissenschaftlichkeit und deren Charakter innerhalb des Experiments gewährleistet werden kann, muss im qualitativen Experiment die Methode offengelegt, die Ergebnisse dokumentiert und deren Nachprüfbarkeit bereitgestellt werden. (Lamnek 2010, S.584ff)

Im Zuge der Forschung wird mit den bereits 15 genannten Probanden eine qualitative Befragung mittels Fragebogen und zusätzlich ein persönliches Interview zu den erstellten Icons durchgeführt. Qualitative und quantitative Befragungen und Interviews können in Dimensionen der Differenzierung aufgelistet und weiters in verschiedene Formen der Befragung oder des Interviews unterteilt werden. Der Inhalt der Befragung der vorliegenden Arbeit kann wie folgt gegliedert werden.

Im ersten Schritt sollte die Intention der Befragung ermittelt werden. In der Forschung der Arbeit handelt es sich um ein ermittelndoc und informatives Interview und auch die Befragung fällt in diese Kategorie, da der Informationsfluss einseitig vom Probanden zum Forscher transportiert wird und der Proband als Experte verstanden wird. Der Experte ist der Informationslieferant der Sachverhalte. Im zweiten Schritt sollte überlegt werden, wie und ob das Interview standardisiert werden kann. Dieses kann in die asymmetrische Kommunikation eingegliedert werden, da es sich um eine Form der Alltagskommunikation handelt, wobei die Antworten des Befragten im Vordergrund stehen und die Forscherin die Rolle der Fragenden übernimmt. Es ist egal, welche Antworten der Proband der Forscherin gibt, denn diese werden beispielsweise in der Phase 2, welche unter dem Punkt 4 beschrieben wird, vom Experten selbst formuliert. Unabhängig von der Antwort wird dem Experten einfach die nächste Frage gestellt und von der Forscherin notiert und dokumentiert. *„Die Asymmetrie der qualitativen Forschung ähnelt derjenigen der Alltagsgespräche."* (Lamnek 2010, S.306)

Im dritten Schritt sollte die Struktur der Befragung überlegt werden. Grundlegend kann zwischen Einzel- und Gruppeninterviews unterschieden werden. Da man sagen kann, dass qualitative Interviews meist Einzelbefragungen sind, wird genau diese Art der Befragung auch für die vorliegende Forschung verwendet. (ebd., S.312)

Der vierte Schritt, über den man sich Gedanken machen sollte, wäre die Form der Kommunikation und der dazugehörige Kommunikationsstil innerhalb des Interviews. In der vorliegenden Forschung werden dem Experten die Fragen mündlich gestellt und die Antworten vom Interviewenden dokumentiert und notiert. Weiters handelt es sich vom Kommunikationsstil um ein neutrales Interview. Koolwijk (1974, S.17) schreibt darüber, dass dies meist daran zu erkennen ist, da die Befragung durch unpersönliches und sachliches Verhalten charakterisiert wird und die grundlegende Kommunikation Einmaligkeit aufweist.

Für die Charakterisierung und Dimensionierung des qualitativen Interviews sind folgende Schritte nötig: Hierbei sollte überlegt werden, welche Art der Befragung und welches Kommunikationsmedium im Zuge des Interviews zum Einsatz gebracht wird. Man unterscheidet zwischen den Kategorien der geschlossenen und der offenen Frage. Bei geschlossenen Fragen wird die Antwort meist mit der Fragestellung formuliert oder es stehen Antwortmöglichkeiten für den Probanden zur Verfügung. Bei offenen Fragen müssen die Antworten nicht nach einem Schema ablaufen, daher werden diese meist erst nachträglich in ihrer Bedeutung strukturiert und sortiert. In der vorliegenden Arbeit werden beide Varianten zum Einsatz gebracht. Zu guter Letzt müsste bei einer qualitativen Befragung noch das Versandmedium gewählt werden, wenn diese nicht persönlich und auch nicht per Telefon durchgeführt wird. Da die Befragung und das Interview in dieser Arbeit persönlich mit den Probanden erledigt wird, müssen hierzu keine Überlegungen getroffen werden. (ebd., S.313ff)

4 Durchführung

Vor dem Start der Untersuchung, wird allen Probanden erklärt, dass es sich um eine Untersuchung der Mobilfunkbranche und deren Webseiteninhalte im Bereich Customer Service handelt. Für die erste Phase der Untersuchung wird den Probanden ein Fragebogen vorgelegt, der in Summe 12 Icons enthält, welche aus dem Customer Service Bereich einer jeden Webseite gewählt werden. Der Proband wird in der ersten Frage aufgefordert, ob er durch das abgebildete Icon das Telekommunikationsunternehmen bzw. die Marke von einem der österreichischen Unternehmen zuordnen kann. Es stehen jeweils fünf mögliche Antworten zum Ankreuzen zur Verfügung, wobei eine davon mit „keine Ahnung" betitelt wurde. Mit der nachfolgenden zweiten Frage wird der Proband aufgefordert, ob er die mögliche Funktion, welche durch den Klick auf das Icon ausgelöst werden könnte, auch interpretieren kann. Es stehen wiederum fünf mögliche Antworten zur Verfügung. Bei der dritten und letzten Frage des Fragebogens werden die Icons um die Originalbeschriftungen und Erklärungstexte aus den jeweiligen Webseiten ergänzt und im Fragebogen abgebildet. Der Proband wird einerseits gefragt, ob mit der zusätzlichen Erklärung der Begriff optimal unterstützt wird und ob er nun beurteilen kann, welche Funktion durch den Klick auf das Icon ausgelöst wird. In diesem Teil sind lediglich die Antworten "Ja" und "Nein" möglich. Weiters soll im Zuge dieser Frage angekreuzt werden, ob aufgrund des zusätzlichen Textes, welcher meist in der Corporate Identity der Marke angezeigt wird, nun die richtige Marke einfacher zugeordnet werden kann. Im Anschluss dieser ersten Phase wird der Proband zu einem Interview eingeladen.

In der zweiten Phase wird der Proband darauf hingewiesen, dass die Untersuchung zu Forschungszwecken dient und daher werden die Interviews auf Band aufgenommen. Die Probanden werden einleitend in dieser Phase zu der dritten Frage des Fragebogens befragt. Mögliche Erkenntnisse, warum die Icons trotz Erklärungstext für den Probanden nicht unterstützend wirken, werden von der Forscherin notiert und dokumentiert.

Für den praktischen Teil der Forschung wurden fünf einheitliche Icons anhand der Theorie der Arbeit, für die Customer Service Bereiche der Mobilfunkbranche entwickelt. Es handelt sich hierbei um je ein Icon für die Begriffe Vertragsdetails, Rechnungsinformationen, Hilfe und Support, Handys und Datengeräte und für Tarife und Preise. Was Icons grundlegend sind, wurde bereits im Punkt 2.1.4 geklärt und wie diese breitgefächert im digitalen Zeitalter eingesetzt werden, wurde im Kapitel 2.2.4 erörtert. Grundlegend kann beim Entwerfen von Icons auf die Methode aller Gestaltungsprozesse zurückgegriffen werden. Im ersten Schritt habe ich mir Gedanken über den Zweck und den Nutzen der Icons gemacht. Die Zielgruppe und deren Vorkenntnisse darf dabei nicht außer Acht gelassen werden. Es handelt sich innerhalb der Forschung, wie bereits erwähnt, um eine junge Spezialistengruppe. Weiters wird die Annahme getroffen, dass die durchschnittliche Zielgruppe maximal fünfmal pro Jahr die Webseite eines Mobilfunkanbieters benutzt und dabei auf der Suche nach persönlichen Lösungen ist. Im nächsten Schritt folgte eine Brainstorming Phase und das ausführliche Skizzieren der Ideen. Nach dieser Phase und der grundlegenden Überlegung für die Herangehensweise standen für das erste Icon, das in der Forschung, die Funktion für Vertragsdetails auslösen sollte, folgende Gegenstände zur Verfügung. Zum einen ein Paragraph, die Abkürzung für Allgemeine Geschäftsbedingungen, und zum anderen eine Kombination aus einem Zettel und einem Stift. Für das zweite Icon, das die Funktion für die Rechnungsinformationen auslösen sollte, stand eine Auswahl von Gegenständen wie ein Kalender, Münzen, das Euro Zeichen und wieder ein Zettel mit einem Stift zur Verfügung. Das dritte Icon ließ in der Brainstorming-Phase folgende Gegenstände entstehen: ein Kreuz, einen Callcenter Agent, einen Mädchenkopf, eine Rettung mit Blaulicht und diverse Abbildungen für Schwimmhilfen. Es handelt sich bei diesem Icon um den Begriff Hilfe und Support. Für das vierte Icon wurden eindeutig nur zwei Gegenstände notiert. Mehr als ein neutrales Smartphone und das verwandte Tablet konnten nicht erarbeitet werden, da derzeit der Markt unter den Handys und Datengeräten von den Varianten beherrscht wird. Beim letzten und fünften Icon war die Auswahl ziemlich groß. Die Liste reichte von Gegenständen wie Pakete in Form eines Geschenkes bis hin zu grafischen Darstellungen zur Entwicklung der Tariflandschaften. Da es sich hierbei um das Icon für persönliche Tarife und Preise handelt und die Angebote diesbezüglich am Markt so vielseitig sind, erschienen die möglichen Gegenstände nach der Brainstorming Phase eher erdrückend.

Im Anschluss der Brainstorming Phase wurden diese Skizzen mit Vertretern der Spezialistengruppe getestet und nach dem Ausschlussverfahren die optimalsten Gegenstände, welche im Anschluss in die Icons eingefügt wurden, ermittelt. Die Erfahrung der Zielgruppe wurde natürlich bei der Auswahl eindringlich berücksichtigt. Danach wurden die passenden Farbassoziationen aus der Literatur von Böhringer et al. und Wolf zu den einzelnen Begriffen hinzugefügt und wie bereits im Kapitel 2.3.1 beschrieben, meist die kontrastreichsten Farben aus dem Farbkreis entnommen und in die Gestaltung der Icons eingearbeitet. Nachdem Böhringer et al. (2008, S. 20) davon schreibt, dass Menschen mit der Farbe Schwarz, Macht, Sachlichkeit und Kraft assoziieren, wurde für das Icon der Vertragsdetails auch diese Farbe gewählt. Die Farbe Grün kann auch mit den Worten, Hoffnung, Ruhe und Gesundheit assoziiert werden. Nachdem es sich bei Rechnungsdetails um negativ behaftete Informationen handeln könnte, wurden diese positiven Assoziationen für das Icon gewählt. Die Farbe Rot ist derzeit allgegenwärtig für Warnschilder im Einsatz, daher wurde die Erfahrung genutzt und auch für das Icon Hilfe und Support verwendet. Nachdem die Farbe Gelb häufig mit den Worten Optimismus, Modernität und die Farbe Blau mit Sachlichkeit und Frische assoziiert wird, wurden diese beiden Klassiker für die letzten beiden Icons gewählt.

Von den Gestaltgesetzen wurde unter anderem das Gesetz der Nähe, das Gesetz der Ähnlichkeit, das Gesetz der Erfahrung, das Gesetz der Figur-Trennung und natürlich das Gesetz der guten Gestalt eingesetzt. All diese Gesetze sind im theoretischen Teil unter dem Kapitel 2.4.2 zu finden. Weiters wurde wie bereits erwähnt die Farbwahl und deren Assoziationen berücksichtigt und versucht die Kontrasteffekte durch die passenden Farben so stark wie möglich zu gestalten. Die runde Form soll das Gesetz der Ähnlichkeit, und die Auflistung der Icons nebeneinander das Gesetz der Nähe optimal unterstützen. Das klare Erscheinungsbild in voller farbiger Pracht, wurde aufgrund des derzeitigen Flat-Design Trends gewählt und unter anderem wird damit das Gesetz der einfachen Gestalt perfekt unterstrichen.

Die Erstellung und Konzeption der Icons wurde mit dem Adobe Illustrator CS6 erledigt, da diese in vektorisierter Form zur Verfügung stehen sollten. Im letzten Schritt wurden die erarbeiteten Icons nochmals einem Nutzertest unterzogen und bereits auf die folgenden Punkte des Interviews, wie Wahrnehmung, Erkennbarkeit und Erlernbarkeit geprüft, damit diese anschließend professionell eingesetzt werden konnten. Die erstellten Icons schnitten innerhalb des Tests mit einem guten Eindruck ab und daher wurde für die Forschung entschieden, die Darstellung der Icons zu belassen und genauso einzusetzen. Details zur Erstellung der einheitlichen Icons für die Telekommunikationsbranche sind in den Produktionsaufzeichnungen der Arbeit zu finden.

Im anschließenden Interview der zweiten Phase werden dem Probanden die fünf entwickelten Icons, wie oberhalb zu sehen, in Originalgröße vorgelegt. Im Zuge des Interviews wird einerseits hinterfragt, ob der Proband erkennt, welche Gegenstände auf den Icons abgebildet sind, andererseits sollen die Icons auch interpretiert werden. Daher wird der Proband gebeten die mögliche Funktion, welche durch das Icon ausgelöst werden könnte, zu nennen. Alle Informationen werden unabhängig davon, was der Proband nennt, aufgenommen und notiert. Um die Antworten zu kategorisieren, werden drei Punkte definiert, die im Anschluss unter Punkt 4.1 zu finden sind.

In der dritten Phase werden dem Probanden innerhalb des Interviews fünf Möglichkeiten vorgelegt, die auf einen kleinen Zettel geschrieben wurden, und als persönlicher Denkanstoß und somit als Suchkriterium für den Probanden dienen sollen. Der Proband wird gebeten zu den Suchbegriffen Vertragsdetails, Rechnungsdetails, Hilfe und Support, Handys und Datengeräte und Tarife und Preise passende Icons zuzuordnen. Ob der Proband die Suchbegriffe zu den Icons korrekt zuordnen kann, wird im Auswertungsblatt, welches im Anhang unter Punkt 8.7 zu finden ist, notiert.

In der letzten Phase des Interviews werden dem Probanden abschließend folgende Fragen gestellt: Handelt es sich bei Icons in Customer Service Bereichen um verzichtbare Designelemente?

Denkst du, dass der einheitliche Einsatz von Icons in Customer Service Bereichen Potential hat, um die Navigation auf diversen Webseiten zu erleichtern?

Denkst du, dass der einheitliche Einsatz von Icons in Customer Service Bereichen Potential hat, um tatsächlich ohne zusätzliche Beschreibungen via Text verstanden und richtig interpretiert zu werden?

Um wieviel Prozent kann die Eindeutigkeit und die Wiedererkennbarkeit durch die einheitliche Gestaltung der Icons speziell in der Telekommunikationsbranche gesteigert werden?

All diese Fragen sollen von den Probanden in Kategorien eingeteilt werden und daraus soll im Anschluss eine Intervall-Skalierung resultieren. Daher werden den Probanden die Kategorien von eins bis sechs zur Verfügung gestellt, wobei eins als sehr gut beziehungsweise unverzichtbar und sechs als eher schlecht und verzichtbar zu betrachten ist. Für alle Antworten wird wie bereits erwähnt ein vorgefertigtes Blatt ausgefüllt, welches am Ende der Arbeit im Anhang unter dem Punkt 8.9 und 8.10 zu finden ist.

4.1 Ergebnisse der Evaluierung der entwickelten Icons

Alle Aussagen der Phase zwei und drei werden im vorgefertigten Blatt aufgeschrieben und kategorisiert. Detaillierte Ergebnisse dazu sind am Ende der Arbeit wie bereits erwähnt im Anhang unter Punkt 8 zu finden. Um die Ergebnisse zu kategorisieren, werden drei Bereiche zur Deutung der Antworten für den ersten Teil der zweiten Phase der Forschung herangezogen.

- Icon/Gegenstand erkannt und richtig interpretiert.

- Icon/Gegenstand richtig erkannt, aber Information falsch interpretiert.

- Icon/Gegenstand und deren Aussage nicht erkannt und falsch interpretiert.

5 Ergebnisse

Grundlegend handelt es sich bei den befragten Probanden um eine Spezialistengruppe, da alle täglich mit diversen Webseiten zu tun haben und den Umgang mit Computern und dem Internet gewohnt sind. Das durchschnittliche Alter der Probanden liegt bei rund 28 Jahren, acht weibliche und sieben männliche Personen haben an der Studie teilgenommen. Von den Probanden sind drei Personen derzeit bei dem Unternehmen T-Mobile Austria als Kunden registriert, hingegen sechs Personen bei dem Unternehmen A1 und weitere sechs Personen bei dem Unternehmen Drei. Diese Details sind in der Liste der Probanden angeführt, welche im Anhang unter dem Punkt 8.1 zu finden ist.

5.1 Markenerkennung

In der ersten Phase der Befragung können folgende Ergebnisse zusammengefasst werden: Die Icons, welche auf den Unternehmensseiten von T-Mobile Austria, A1 und Drei im Customer Service Bereich der Webseiten zur Verfügung gestellt werden, wurden im ersten Schritt durch die Befragung getestet. Den Probanden wurden lediglich die Icons ohne zusätzlicher Beschriftung gezeigt und fünf Antwortmöglichkeiten pro Icon zur Verfügung gestellt. Dem Unternehmen T-Mobile Austria konnten die auserwählten Icons zu rund 66% und dem marktführenden Unternehmen A1 zu rund 60% korrekt zugeordnet werden. Dem Unternehmen Drei konnten lediglich 13% der Icons zugeordnet werden. Jeder Proband konnte durchschnittlich rund sechs von zwölf der zur Verfügung gestellten Icons korrekt deren Marken der Telekommunikationsbranche zuordnen. In anderen Zahlen ausgedrückt, spricht man auch davon, dass rund 47% korrekt erkannt wurden. Generell ist hierbei anzumerken, dass die Unternehmen, selbst bei der Gestaltung der Icons, meist ihre Corporate Identity-Farben zum Einsatz bringen. Die Ergebnisse zeigen, dass sich die Probanden mit der Zuordnung ohne Text oder ohne zusätzlichen Hinweisen relativ schwer getan haben die korrekte Marke zu identifizieren. Details zu dieser Auswertung sind im Anhang unter dem Punkt 8.2 zu finden.

Im weiteren Verlauf des Fragebogens wurden den Probanden die Icons genauso gezeigt, wie diese auf den jeweiligen Unternehmenswebseiten derzeit abgebildet sind. Dies bedeutet, dass zusätzlich Texte und meist Erklärungen in Form der auszulösenden Funktion zur Verfügung stehen und für den Probanden zur Verfügung gestanden sind. Die Probanden wurden befragt, ob sich durch den erwähnten Zusatz die Zuordnung der Marke geändert hat oder ob diese nun besser zugeordnet werden kann. Dem Unternehmen T-Mobile Austria und dem marktführenden Unternehmen A1 konnten rund 87% korrekt zugeordnet werden. Dem Unternehmen Drei konnten in diesem Schritt rund 26% der Icons zugeordnet werden. Jeder Proband konnte durch den zusätzlichen Text durchschnittlich rund acht von zwölf Marken korrekt erkennen.

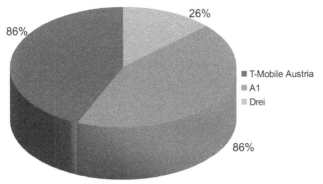

Abbildung 14: Die Markenerkennung mit Text und Erklärung.

Um dies in anderen Zahlen auszudrücken kann zusammengefasst werden, dass insgesamt rund 66% der Marken, den Icons korrekt zugeordnet wurden, allerdings nur dann, wenn die Icons über einen Erklärungstext verfügten. Eine weitere Annahme ist für das Unternehmen T-Mobile Austria zu erkennen, denn wie bereits erwähnt, sind nur drei der befragten Probanden derzeit bei diesem Unternehmen vertraglich gebunden, allerdings konnte die Marke im Durchschnitt von allen Befragten am besten erkannt und zugeordnet werden, wie im Diagramm oberhalb erkennbar ist. Nachdem die Icons und auch die zusätzlichen Erklärungen ausschließlich in Magenta angeführt werden, wird mit diesen Ergebnissen die Annahme getroffen, dass einerseits die Primärfarbe der Corporate Identity des Unternehmens T-Mobile Austria sehr gut wahrgenommen und andererseits durch bereits gespeicherte Muster mit dem Unternehmen einfach in Verbindung gebracht werden kann. Details zu diesen Ergebnissen sind im Anhang unter dem Punkt 8.3 zu finden.

5.2 Funktionserkennung

Im zweiten Schritt der Befragung wurden die Probanden gebeten, die möglichen auszulösenden Funktionen zu interpretieren, welche den Icons zugrunde liegen könnten. Die Probanden erkannten durch die Gestaltung der Icons rund 53% der Funktionen für die Marke T-Mobile Austria, rund 48% konnten von der Marke A1 und rund 71% von der Marke Drei korrekt erkannt und interpretiert werden. In Summe bedeutet dies, dass rund sieben von zwölf Funktionen korrekt zugeordnet werden konnten. In der Abbildung wird diese Aufteilung nochmals veranschaulicht dargestellt.

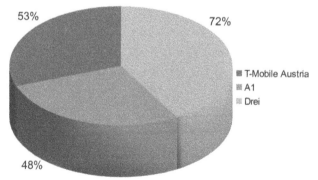

Abbildung 15: Die korrekte Interpretation der ausgelösten Funktionen ohne Text.

Die Ergebnisse zu dieser Befragung sind im Anhang unter dem Punkt 8.4 zu finden.

Im dritten Schritt der Befragung wurden den Probanden die Icons wie bereits erwähnt mit Erklärungstext gezeigt und man hat nicht nur ermittelt, ob die Marke besser zugeordnet werden kann, sondern ob die Probanden durch den Text die Funktion, welche das Icon auslösen sollte, besser verstehen konnten. Hierzu war nur die Antwort "Ja" und "Nein" nötig. Nachdem die Funktionen der Icons nach der Ergänzung der Erklärungstexte zu rund 97% korrekt erkannt und interpretiert wurden, kann die Annahme getroffen werden, dass Menschen nach wie vor im Zuge der Interpretation nach Texten suchen und diese auch verstehen möchten. Details zu dieser Befragung sind im Anhang unter dem Punkt 8.5 zu finden.

Generell ist zu den Ergebnissen zu diesem Punkt zu erwähnen, dass im Jahr 2013 das Unternehmen Orange aufgelöst und von der Firma Drei gekauft. Im Zuge dessen veränderte sich der gesamte Werbeauftritt und auch die Webseite des Unternehmens. Wie bereits im Kapitel 2.5 erwähnt wurde hierbei in der Umsetzung auf den derzeitigen Webdesigntrend Flat-Design gesetzt. Im Zuge dieser Forschung kann die Annahme getroffen werden, dass die derzeitigen Drei Kunden den neuen Customer Service Bereich des Unternehmens Drei noch nicht gut genug kennen bzw. noch nicht ausreichend wahrgenommen haben. Die Markenerkennung mit rund 26% fiel sehr gering aus, allerdings konnte das neue Design beziehungsweise konnten die Icons und deren Funktionen mit rund 72% korrekt zugeordnet werden. Aus diesem Ergebnis lässt sich schließen, dass die Firma Drei vom Design und den dahinter liegenden Überlegungen am richtigen Weg ist, das Unternehmen allerdings noch an der Stärke der Marke arbeiten muss. In der Abbildung wird dieser Effekt veranschaulicht.

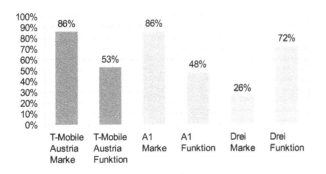

Abbildung 16: Der Vergleich Marke vs. Funktion in der Interpretation der Icons.

5.3 Verständnis und Interpretation der praktischen Arbeit

In die zweite Phase der Forschung wurde ein kleiner praktischer Teil entwickelt. Es wurden fünf einheitliche Icons nach bewährten Gestaltungskriterien für den Customer Service Bereich der Mobilfunkbranche erstellt. Konzeption und Erstellung kann man im Kapitel 4 nachlesen. Nach der Entwicklung der einheitlich gestalteten Icons wurde mit den Probanden ein Interview geführt. Sie konnten die Icons während des gesamten Interviews sehen und wurden gebeten zu beurteilen, was sie darauf erkennen können und welche auszulösenden Funktionen hinter den Icons stehen könnten. Die Antworten wurden in drei Teile kategorisiert. Einerseits wurde notiert, ob der Proband den Gegenstand am Icon erkannte und richtig interpretierte. Weiters wurde notiert, ob der Proband den Gegenstand am Icon korrekt erkannte, allerdings diesen falsch interpretierte und zu guter Letzt, ob der Gegenstand am Icon falsch erkannt und auch falsch interpretiert wurde. In Summe wurden die fünf erstellten Icons von den 15 Probanden, 45 mal korrekt erkannt und auch korrekt interpretiert. Rund 20 mal konnten die Icons erkannt werden, allerdings traten bei der Interpretation Schwierigkeiten auf und rund zehnmal konnte von den Probanden weder der Gegenstand richtig erkannt, noch die Funktion, die hinter den Icons steht, korrekt interpretiert werden. Wenn diese Zahlen im Detail betrachtet werden, ist rasch zu erkennen, dass das Hauptproblem in etwa bei zwei von fünf erstellten Icons lag. Das erste Icon, das die Vertragsdetails darstellt, wurde vom abgebildeten Gegenstand her, von allen Probanden korrekt erkannt, allerdings wurde die Funktion von der Mehrzahl der Probanden nicht richtig interpretiert. Zusammenfassend resultiert daraus, dass von fünfzehn Probanden nur rund 47% das erste Icon erkennen und auch interpretieren konnten. Das Ergebnis für das zweite Icon, das von rund 67% der Probanden korrekt zu Rechnungsdetails erkannt und interpretiert werden konnte, ist zufriedenstellend aber auch dieses sollte, genauso wie das erste Icon, für eine mögliche einheitliche Gestaltung in der Mobilfunkbranche nochmals überarbeitet und überdacht werden. Das dritte Icon für Hilfe und Support konnte von 87% der Probanden korrekt erkannt und interpretiert werden und das Icon für Handys und Datengeräte wurde ebenso mit rund 80% richtig erkannt und interpretiert. Leider konnte dieses positive Ergebnis für das fünfte Icon, das den Gegenstand Tarife und Preise darstellen und die Interpretation dafür unterstützen sollte, nicht verzeichnen. Es wurde lediglich von 20% der 15 Probanden korrekt erkannt und interpretiert. Sechs von fünfzehn Personen erkannten zwar die Gegenstände, allerdings konnte von diesen die Funktion nicht richtig zugeordnet werden. Von weiteren sechs Personen konnte weder der Gegenstand noch die Interpretation genannt werden. Um diese Zahlen und Ergebnisse zu veranschaulichen, wurde folgendes Diagramm entwickelt. Die Details zu diesen Ergebnissen sind im Anhang unter dem Punkt 8.6 zu finden.

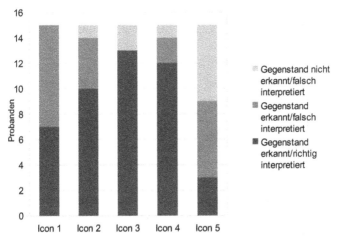

Abbildung 17: Die Ergebnisse des ersten Teils des Interviews.

Im zweiten Schritt des Interviews wurden den Probanden Zettel mit den Namen der Icons vorbereitet und diese dienten im Zuge der Befragung als Denkanstoß. Natürlich wären diese Begriffe auch in weiterer Folge als Erklärungstext möglich. Die Zettel mit den notierten Begriffen wurden den Befragten nacheinander gereicht und diese wurden gebeten, den darauf stehenden Begriff wie beispielsweise Hilfe und Support, einem der fünf Icons zuzuordnen. Die Probanden nannten im Zuge des Interviews die Icons nacheinander und intuitiv, welche Icons sie den jeweiligen Begriffen zuordnen möchten. Lediglich von zwei Probanden wurde ein Begriff in der Zuordnung vertauscht. Alle anderen Begriffe konnten den Icons korrekt zugeordnet werden. Dies ist ein sehr erfreuliches Ergebnis und wird in der Abbildung unterhalb grafisch dargestellt.

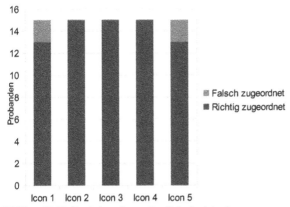

Abbildung 18: Die Ergebnisse des zweiten Teils des Interviews.

Durch diese Darstellung und durch die Forschung kann die Annahme getroffen werden, dass selbst eine junge Spezialistengruppe wie die gewählten Probanden Icons, welche fachspezifische Begriffe darstellen möchten, mit zusätzlichen Denkanstößen wesentlich besser identifizieren kann. Daraus ist zu schließen, dass die einheitlichen Icons gut entwickelt wurden, allerdings mit einem zusätzlichen Erklärungstext unterstützt werden sollten, um den langfristigen Erfolg verzeichnen zu können. Die Ergebnisse und Auswertungen sind im Anhang unter dem Punkt 8.7 zu finden.

Im Zuge der Ergebnisinterpretation wurde zusätzlich noch untersucht, ob zwischen der Befragung der ersten Phase und dem Interview der zweiten Phase eine Verbindung besteht. Von den Top fünf Probanden konnten im Zuge der Befragung rund neun Funktionen zu den abgebildeten zwölf Icons korrekt zugeordnet werden. In anderen Zahlen würde dies bedeuten, dass von den Top fünf Probanden rund 73% der Funktionen korrekt beantwortet wurden. Die fünf schlechtesten Probanden konnten hingegen weniger als die Hälfte und daher nur rund fünf Funktionen zu den Icons korrekt zuordnen. Die Top fünf Probanden sind in der Bestenliste des Interviews bezüglich der Kognition und der Interpretation der erstellten Icons für den Telekommunikationsbereich nur teilweise wieder zu finden. Zwei der Probanden zählen auch im Interview zu den Besten. Im Durchschnitt konnten von den Top fünf Probanden dieser Gruppe, zwei von fünf erstellten Icons korrekt erkannt und interpretiert werden. Hierbei handelt es sich um einen prozentuellen Wert von rund 64%. Die Top fünf Probanden des Interviews erkannten und interpretierten vier von fünf der erstellten Icons korrekt und daher liegt der Durchschnitt bei rund 80%. Die Probanden, welche im Zuge der Befragung am schlechtesten abgeschnitten haben, und nur 45% der Funktionen zu den Icons korrekt zuordnen konnten, erkannten und interpretierten auch im Zuge des Interviews durchschnittlich nur 2,6 von fünf erstellten Icons korrekt und konnten somit den durchschnittlichen Wert um 7% auf rund 52% erhöhen. Von allen Probanden ist nur einer dabei, der in der Entwicklung von der Befragung zum Interview seine Ergebnisse um ein Vielfaches verbessern konnte. In der Befragung wurden von ihm sechs von zwölf Funktionen korrekt zugeordnet und im Interview vier von fünf Icons richtig erkannt und interpretiert. Zusammenfassend kann die Annahme getroffen werden, dass nur teilweise ein Lerneffekt im Zuge der Forschung entstanden ist. Die Ergebnisse der Kreuztabelle sind im Anhang unter Punkt 8.8 zu finden.

Im Anschluss wurden den Probanden noch einige Fragen gestellt. Von 15 Probanden wollte man wissen, ob sie der Meinung sind, dass es sich bei eingesetzten Icons in Kundenkommunikationsbereichen um verzichtbare Designelemente handeln würde. Die Antworten wurden zwischen eins und sechs wie im Schulnotensystem kategorisiert. Der Mittelwert aller Antworten befindet sich bei 1,47, wobei der Median bei 15 befragten

Personen bei eins liegt und somit als unverzichtbar eingestuft wurde. Der Mittelwert bei den weiblichen Probanden liegt bei 1,38 und der männliche bei 1,57. Daraus ist die Annahme zu treffen, dass beide Geschlechter der Meinung sind, dass es sich beim Einsatz von Icons in Kundenkommunikationsbereichen keinesfalls um verzichtbare Designelemente handelt.

Bei der zweiten Frage ging es darum, ob die Probanden der Meinung sind, dass der einheitliche Einsatz von Icons in Kundenkommunikationsbereichen das Potential hat, die Navigation auf diversen Seiten zu erleichtern. Der Mittelwert aller notierten Antworten liegt auch hier näher bei sehr gut und ergibt 1,27. Der Median liegt ganz klar bei eins. Die befragte Spezialistengruppe ist aufgrund dieser Ergebnisse der Meinung, dass der einheitliche Einsatz von gleichen Icons die Navigation der Webseiten auf jeden Fall unterstützen könnte.

Mit der dritten Frage wurden die Probanden befragt, ob sie tatsächlich der Meinung sind, dass einheitlich gestaltete Icons für Customer Service Bereiche ganz ohne Beschreibung via Text korrekt verstanden und richtig interpretiert werden können. Der Mittelwert aller Antworten liegt hier bei 3,33 und der Median bei drei. Der durchschnittliche Mittelwert der weiblichen Probanden liegt allerdings bei vier und von den männlichen Probanden bei drei. Aufgrund dieser Auswertung kann einerseits die Annahme getroffen werden, dass das weibliche Geschlecht eine Spur kritischer ist, andererseits die gesamte Spezialistengruppe nur zur Hälfte davon überzeugt ist, dass Icons tatsächlich ohne zusätzliche Erklärungen richtig verstanden und interpretiert werden können. Nachdem im theoretischen Teil der vorliegenden Arbeit bereits zusammengefasst wurde, dass die korrekte Wahrnehmung und die Erfahrung der Nutzer sehr nah beieinander liegt, ist speziell in diesem Bereich eine zusätzliche Erklärung via Text für die unerfahrene aber auch für die erfahrene Nutzergruppe ziemlich sicher unerlässlich.

Mit der vierten und letzten Frage wurden die Probanden befragt, wie stark beziehungsweise um wieviel Prozent die Eindeutigkeit und die Wiedererkennbarkeit durch die einheitliche Gestaltung der Icons im Customer Service Bereich der Telekommunikationsbranche gesteigert werden können. Der Mittelwert liegt hierbei bei zwei. Auch für diese Frage wurde das System angewendet, einen Bereich für ganz stark und einen für sehr schwach, also zwischen eins und sechs, zu wählen. Der Median dieser Frage liegt bei zwei. Der Mittelwert der weiblichen Probanden findet sich bei 1,8 und bei den männlichen Probanden bei rund 2,3 wieder. Hier ist die Annahme zu treffen, dass die männliche Nutzergruppe eine Spur kritischer eingestellt ist, allerdings handelt es sich um einen sehr guten Wert. Das Schulnotensystem wurde in prozentuelle Werte umgerechnet. Dabei ist der Wert eins mit dem Prozentwert 100 zu sehen, der Wert drei beispielsweise mit 67 und der Wert sechs mit rund 17 Prozent zu kategorisieren. Der Mittelwert aller addierten Ergebnisse beträgt rund 82%. Daraus ist zu schließen, dass die Wiedererkennbarkeit und Eindeutigkeit stark unterstützt wird und mit dieser unvergleichlichen Prozentzahl gehandelt werden könnte, wenn sich die Mobilfunkanbieter dazu entscheiden würden, zukünftig einheitliche Icons in den Customer Service Bereichen ihrer Webseiten einzusetzen. All diese Ergebnisse sind im Anhang unter den Punkten 8.9 und 8.10 zu finden.

Mit diesen Ergebnissen können die einleitenden Forschungsfragen ohne Probleme ausgearbeitet werden. Die Probanden waren sich im Zuge des Interviews mit einem Mittelwert von 1,47 einig, dass es sich bei dem Einsatz von Icons in Kundenkommunikationsbereichen keinesfalls um verzichtbare Designelemente handelt. Die Designer setzen damit nicht nur optische Effekte, sondern unterstützen die Navigation auf den derzeit eingesetzten Webseiten um ein Vielfaches. Die befragten Probanden sind mit einem errechneten Mittelwert von 1,27 ebenso der Meinung, dass einheitlich gestaltete und eingesetzte Icons in Kundenkommunikationsbereichen auf alle Fälle das Potential haben, die Navigation auf diversen Webseiten zu unterstützen und zu fördern.

Weiters ist durch die Ergebnisse zusammenzufassen, dass die derzeit eingesetzten Icons in den drei genannten Unternehmen, lediglich zu rund 47% den korrekten Marken zugeordnet werden konnten. Auch die Funktionen, welche im Hintergrund durch das Icon ausgelöst werden sollten, wurden in Summe nur zu rund 58% korrekt zugeordnet. Nachdem in beiden Bereichen den Probanden, die Wahrnehmung der Marke und das Erkennen der Funktionen mit Erklärungstexten wesentlich einfacher gefallen ist, kann im Zuge der Forschung die Annahme getroffen werden, dass selbst für die Spezialistengruppe eine zusätzliche Erklärung mit Text unverzichtbar erscheint. Diese Annahme kann weiters mit der Beantwortung einer Frage im Zuge des Interviews untermauert werden, denn rund 50% der Probanden sind im Durchschnitt der Meinung, dass einheitlich eingesetzte Icons ohne zusätzliche Erklärungstexte die Chance haben, vom User korrekt interpretiert und wahrgenommen zu werden. Die befragte Gruppe reagierte im allgemeinen sehr kritisch und auch die einzelnen Ergebnisse weisen eine Schwankungsbreite von eins bis fünf vor.

Nachdem die Unternehmen den Icons ohne Erklärungstexten in Summe zu rund 47% und mit Erklärungstexten zu rund 67% korrekt zugeordnet werden konnten, kann die Annahme getroffen werden, dass die derzeit eingesetzten Icons die Marken der Unternehmen lediglich bedingt stärken und hier auf alle Fälle Verbesserungspotential gegeben ist.

Die zugrunde liegende Hypothese der Arbeit kann wie folgt erläutert werden: Die Forschungsergebnisse deuten darauf hin, dass die Probanden der Meinung sind, dass der einheitliche Einsatz von entwickelten Icons den Wiedererkennungswert und die Eindeutigkeit grundlegend auf bis zu 82% steigern könnte. Nachdem der errechnete Mittelwert der entwickelten Icons bei rund 60% korrekter Wahrnehmung und Interpretation liegt, allerdings die Icons mit dem bereits erwähnten Denkanstoß und Erklärungstext zu 98% korrekt zugeordnet wurden, kann die Hypothese derzeit nicht bestätigt werden. Würden allerdings die einheitlich gestalteten Icons vorläufig mit Erklärungstext eingesetzt, könnte die erstellte Hypothese mit besten Wissen und Gewissen bestätigt werden. Der Wiedererkennungswert und auch das Verständnis könnten durch den einheitlichen Einsatz auf Basis der Ergebnisse der Forschung um ein Drittel der derzeitigen Basis angehoben werden.

6 Zusammenfassung

Im Zuge dieser Arbeit wurde eine erweiterte Basis zu der Forschung von Icons geschaffen. Aufgrund des derzeitigen Webdesign-Trends entstehen permanent neue Icons. Diese werden in Systemen, Betriebsoberflächen und den neuesten Webseiten mit einer Selbstverständlichkeit eingesetzt. Allerdings gibt es in verwandten Bereichen der Icons wie beispielsweise beim Einsatz von Piktogrammen gewisse Richtlinien, wie diese auszusehen haben. Man erinnert sich daran, dass Hinweisschilder auf Flughäfen oder Bahnhöfen im Ausland meist bekannt sind, da diese den heimischen Piktogrammen ähnlich sind oder sogar gleich aussehen. Die Navigation wird dadurch für den Menschen um ein Vielfaches erleichtert und man findet sich international, wenn auch nicht immer perfekt aber doch ganz gut, zurecht. In der digitalen Welt sieht das hingegen anders aus, denn es entstehen beinahe täglich neue Icon-Sets, die meist frei oder gegen eine kleine Gebühr im Internet zum Verkauf angeboten werden. Für diesen Bereich gibt es für Webdesigner derzeit keine Vorgaben und auch keine Richtlinien, die in irgendeiner Weise international zu beachten wären. Das digitale Zeitalter befindet sich in der Gegenwart. Es ist an der Zeit einen großen Schritt zu wagen, über den Tellerrand zu blicken und die Zielgruppe oder den User in den absoluten Mittelpunkt zu stellen. Die bereits erwähnte Selbstverständlichkeit wurde unter anderem innerhalb einer qualitativen Forschung der derzeit eingesetzten Icons in den Customer Service Bereichen der österreichischen Mobilfunkanbieter untersucht. Die österreichischen Mobilfunkanbieter setzen eigens konzeptionierte Icons auf deren Webseiten ein und daher ist anzunehmen, dass diese davon ausgehen, dass einerseits deren Marken stark positioniert sind und andererseits sich die Zielgruppen und die Kunden damit gut zurecht finden. Die derzeit eingesetzten Icons der Customer Service Bereiche der Unternehmen A1, T-Mobile Austria und Drei wurden im Zuge der Forschung der vorliegenden Arbeit in zwei Bereichen untersucht. Einerseits, ob die Marken in den umgesetzten Icons tatsächlich so stark sind und   ohne Probleme wahrgenommen und erkannt werden können und andererseits, ob die Funktionen und Fachbegriffe, welche hinter den Icons liegen, zugeordnet werden können. Diese Untersuchung wurde wiederum in zwei Kategorien erledigt. Zum einen mit und zum anderen ohne zusätzlicher Erklärungstexte. Um das mögliche Potential von einheitlich gestalteten Icons zu erforschen, wurden nach bewährten Gestaltungskriterien, diese für gewählte Fachbegriffe erstellt und ebenso auf die auszulösenden Funktionen überprüft. Für die Befragung und das Interview standen innerhalb der Forschung 15 Probanden mit dem durchschnittlichen Alter von 28 Jahren zur Verfügung. Nachdem die Probanden allesamt täglich mit der Navigation auf diversen Webseiten beschäftigt sind, handelte es sich um eine auserwählte Spezialistengruppe. Um die beiden Teile der Forschung zu erarbeiten, wurde im theoretischen Teil eine Definition um den Begriff Zeichen zusammengefasst und ein geschichtlicher Überblick zu der Entwicklung der Piktogramme und Icons geschaffen. Anschließend wurden die physiologischen und psychologischen Aspekte der Wahrnehmung abgegrenzt. Dieses Kapitel reicht von der Erklärung des Sehens bis zur Wahrnehmung und Assoziation von Farben. Anschließend wurde ein fundierter Überblick zur menschlichen Aufmerksamkeit zusammengefasst und die nötigen Kriterien für die Informationsverarbeitung im Gehirn, auch Kognition genannt, erklärt und erläutert. Um die einheitlichen Icons im praktischen Teil der Arbeit für die Mobilfunkbranche zu entwickeln, wurde ein großes Kapitel zu den Gestaltungskriterien und der generellen Herangehensweise geschaffen und anschließend die geplante Methodik und Durchführung der Forschung zusammengefasst.

Im Zuge dieser Arbeit wurde ein kleines Teilstück des Überbegriffes User Experience wissenschaftlich untersucht und dazu können folgende Ergebnisse zusammengefasst und folgende Annahmen getroffen werden.

Die derzeit eingesetzten Icons in den drei genannten Unternehmen wurden lediglich zu rund 47% von den Probanden den korrekten Marken zugeordnet. Auch die Funktionen, welche im Hintergrund durch das Icon ausgelöst werden, wurden in Summe nur zu rund 58% korrekt zugeordnet. Nachdem in beiden Bereichen den Probanden die Wahrnehmung der Marke und das Erkennen der Funktionen mit Erklärungstexten wesentlich einfacher gefallen ist, kann durch die Forschung die Annahme getroffen werden, dass sich selbst die Spezialistengruppe einheitliche Icons mit zusätzlicher Erklärung mit Text wünschen würde. Diese Annahme kann weiters mit der Beantwortung einer Frage im Zuge des Interviews untermauert werden. Es ist in etwa nur die Hälfte der Probanden der Meinung, dass einheitlich eingesetzte Icons ohne zusätzliche Erklärungstexte korrekt interpretiert und wahrgenommen werden können. Für die andere Hälfte ist diese Möglichkeit nur teilweise gegeben. Die befragte Gruppe reagierte im Allgemeinen sehr kritisch auf die Frage, ob zusätzliche Erklärungstexte zu einheitlichen Icons in Customer Service Bereichen der

Mobilfunkbranche eher unverzichtbar oder verzichtbar sein würden. In den Ergebnissen ist ebenso zu sehen, dass sich die Schwankungsbreite der Antworten mit Werten von eins bis fünf relativ groß darstellt.

Nachdem die Unternehmen den Icons ohne Erklärungstexte in Summe zu rund 47% und mit Erklärungstexte zu rund 67% korrekt zugeordnet werden konnten, kann die Annahme getroffen werden, dass die derzeit eingesetzten Icons die Marken der Unternehmen lediglich bedingt stärken und hier auf alle Fälle Verbesserungspotential gegeben wäre.

Die zugrunde liegende Hypothese der Arbeit kann wie folgt erläutert werden: Die These lautet, dass durch den einheitlichen Einsatz von Icons, welche nach bewährten Gestaltungskriterien für die Customer Service Bereiche der Telekommunikationsbranche entwickelt wurden, die Wahrnehmung und das Verständnis um ein Drittel gesteigert werden könnte.

Die Forschungsergebnisse deuten darauf hin, dass die Probanden der Meinung sind, der einheitliche Einsatz von entwickelten Icons, bezugnehmend auf die Wahrnehmung und das Verständnis grundlegend, könnte auf bis zu 82% gesteigert werden. Nachdem der errechnete Mittelwert der entwickelten Icons nur bei rund 60% korrekter Wahrnehmung und Interpretation liegt, allerdings die Icons mit dem bereits erwähnten Denkanstoß und Erklärungstext zu 98% korrekt zugeordnet wurden, kann die Hypothese derzeit nicht bestätigt werden. Würden allerdings die einheitlich gestalteten Icons mit Erklärungstexten eingesetzt werden, könnte man die erstellte Hypothese mit bestem Wissen und Gewissen bestätigen. Die Wahrnehmung und das Verständnis könnten durch den einheitlichen Einsatz, auf Basis der Ergebnisse der Forschung, um rund ein Drittel der derzeitigen Basis angehoben werden.

„Erst die Kombination von Icons mit Text macht sie effektiv." (Thissen 2003, S.124) Dieses Zitat von Thissen kann zusammenfassend im Anschluss der Forschung bestätig werden. Allerdings könnte an diese Forschung gut angeknüpft werden. Thissen (2003, S.128) fasst in seinem Buch ebenso zusammen, dass Icons viele Vorteile mit sich bringen. Einerseits benötigen diese wesentlich weniger Platz, sie haben unter anderem das Potential, wenn sie bekannt sind schneller erkannt und erlernt zu werden. Weiters kann man sich leicht daran erinnern, wenn diese einprägsam genug gestaltet werden.

Nachdem auf Basis der theoretischen Wahrnehmung der inhaltliche Wiedererkennungswert im Zuge dieser Forschung mit beispielsweise einer wiederholenden Befragung nicht durchgeführt wurde, wäre dieses Themengebiet ein gegebener Anlass um für die österreichischen Mobilfunkanbieter weiter zu forschen. Der Blick über den Tellerrand sollte nicht verloren gehen, denn auch die derzeit eingesetzten Piktogramme können international korrekt wahrgenommen und verstanden werden. Daher wäre es bestimmt sinnvoll den Gedanken weiter zu spinnen, denn die Überlegungen und der Forschungsteil der vorliegenden Arbeit könnten für viele Branchen oder Bereiche des Webdesigns, zum Beispiel in der Kategorie der Onlineshops, eingesetzt werden.

7 Literaturverzeichnis

Alexander, K. (e-book) Kompendium der visuellen Information und Kommunikation. Berlin, Heidelberg.

Baddeley, Alan. (1986[1]) So denkt der Mensch. Unser Gedächtnis und wie es funktioniert. München.

Böhringer, J., Bühler, P., Schlaich, P. (2008) Kompendium der Mediengestaltung für Digital und Printmedien. Berlin, Heidelberg.

Charwat, H.J. (1994[2]) Lexikon der Mensch-Maschine-Kommunikation. Oldenbourg.

Felser, G. (1997) Werbe- und Konsumentenpsychologie. Eine Einführung. Heidelberg.

Fodor, Jerry A. (1983[1]) The modularity of mind. Cambridge.

Geißler, K. (2010[1]) Grundkurs Grafik und Gestaltung. Bonn

Gros, J. (2006) Icon Typing. Norderstedt.

Guski, R. (2002[2]) Wahrnehmung: eine Einführung in die Psychologie der menschlichen Informationsaufnahme. Stuttgart.

Hagendorf, H., Krumenacher, J., Müller, H.J., Schubert, T. (2011[1]) Wahrnehmung und Aufmerksamkeit. Allgemeine Psychologie für Bachelor. Berlin, Heidelberg, New York.

Hamann, S. (2004[1]) Logodesign. Bonn.

Kittner, I. (1994) Allgemeine Psychologie. Wien.

Klube, A. (2009[2]) Grundwissen Psychologie, Soziologie und Pädagogik. Stuttgart.

Koolwijk, J., Wieken-Mayser, M. (1974) Techniken der empirischen Sozialforschung. Erhebungsmethoden – Die Befragung. München. Wien.

Krech, D., Crutchfield, R., Norman, L. (1992) Grundlagen der Psychologie. Weinheim.

Lamnek, S. (2010hoch5) Qualitative Sozialforschung. Basel.

Mangold, R. (2007) Informationspsychologie. Wahrnehmen und Gestalten in der Medienwelt. Berlin, Heidelberg.

Müsseler, J., Prinz, W. (2002) Allgemeine Psychologie. Heidelberg Berlin.

Thissen, F. (2003³) Kompendium Screen Design. Effektiv informieren und kommunizieren mit Multimedia. Berlin, Heidelberg.

Weinschenk, S. (2011¹) 100 Dinge, die jeder Designer über Menschen wissen muss. München.

Wolf, I. (e-book) Was Farben sagen. Die Sprache der Farben verstehen und gekonnt einsetzten in Einrichtung und Mode. München.

Zimbardo, P. G., Phillip G. (1995) Psychologie. Berlin, Heidelberg, New York.

Zimbardo, P. G., Gerrig, R. J. (1999): Psychologie. Berlin, Heidelberg.

7.1 Onlineverzeichnis

Url.: http://www.kroschke-blog.eu/ [Letzter Zugriff: 05.09.2013]

Url.: http://www.symbolonline.de/index.php?title=Hauptseite [Letzter Zugriff: 05.09.2013]

Url.: http://www.historisches-lexikon-bayerns.de [Letzter Zugriff: 05.09.2013]

Url.: http://t3n.de/ [Letzter Zugriff: 05.09.2013]

Url.: http://www.e-teaching.org/ [Letzter Zugriff: 08.09.2013]

8 Anhang

8.1 Liste der Probanden

TP	Name	Alter/Geschlecht	Geschlecht	Wie oft verwendest du deinen PC/MAC für Onlinetätigkeiten/Surfen/Informationsquelle? (täglich, mehrmals pro woche, einmal pro woche, einmal im monat, einmal im quartal, nie)	Bei welchen Telekommunikationsunt ernehmen bist du Kunde?
12	Lisa Koschatzky	21	w	täglich (routinierte PC Userin)	Drei
2	Kathrin Haslwanter	22	w	täglich (routinierte PC Userin)	Ehemalig Orange
5	Martin Rotter	22	m	täglich (routinierte PC Userin)	A1
11	Sabrina Zimmer	23	w	täglich (routinierte PC Userin)	Drei
13	Steffi Reithofer	23	w	täglich (routinierte PC Userin)	Drei
9	Sandra Christmann	24	w	täglich (routinierte PC Userin)	A1
10	Markus Leibrecht	26	m	täglich (routinierte PC User)	A1
14	Markus Gnadenberger	26	m	täglich (routinierte PC User)	A1
6	Sabine Mantler	28	w	täglich (routinierte PC Userin)	Drei/Ehemalig Orange
4	Jochen Mantler	31	m	täglich (routinierte PC Userin)	Ehemalig Orange
1	Markus Pfeifer	34	m	täglich (routinierter Mac User)	T-Mobile Austria
7	Kerstin Gold	34	w	täglich (routinierter Mac User)	T-Mobile Austria
8	Matthias Gold	34	m	täglich (routinierter Mac User)	T-Mobile Austria
3	Franz Fembek	35	m	täglich (routinierte PC Userin)	A1
15	Martina Häring	35	w	täglich (routinierte PC Userin)	A1

Abbildung 19: Die Probandenliste der Forschung.

8.2 Zuordnung der Marken ohne Erklärungstext

Abbildung 20: Die Auswertung zu der Markenzuordnung der auserwählten Icons.

8.3 Zuordnung der Marken mit Erklärungstext

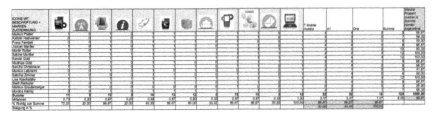

Abbildung 21: Die Auswertung zu der Markenzuordnung der auserwählten Icons mit Erklärungstext.

8.4 Zuordnung der auszulösenden Funktion ohne Erklärungstext

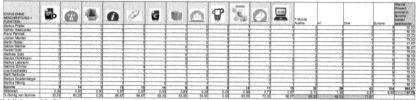

Abbildung 22: Die Auswertung der Zuordnung der auszulösenden Funktionen.

8.5 Zuordnung der auszulösenden Funktion mit Erklärungstext

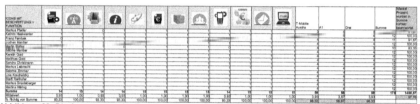

Abbildung 23: Die Auswertung der Zuordnung der auszulösenden Funktionen mit Erklärungstext.

8.6 Gegenstandserkennung und Interpretation der auszulösenden Funktionen

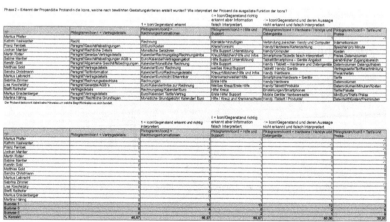

Abbildung 24: Die Auswertung der einheitlich entwickelten Icons ohne Erklärungstext.

8.7 Zuordnung der Erklärungstexte zu je einem erstellten Icon

Abbildung 25: Die Auswertung der einheitlich entwickelten Icons plus Erklärungstext.

8.8 Kreuztabelle zwischen den Phasen

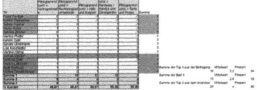

Abbildung 26: Die Auswertung der Kreuztabelle zwischen der Phase eins und Phase zwei.

8.9 Auswertungsblatt zu den abschließenden Fragen der Phase 4

Phase 4 – Fragenkatalog zur Untermauerung der Hypothese.

TP	FRAGE1 Handelt es sich bei eingesetzten Icons in Kundenkommunikationsbereichen um verzichtbare Designelemente? (1=unverzichtbar-6 = verzichtbar)	FRAGE2 Denkst du, dass der einheitliche Einsatz von Icons in Kundenkommunikationsbereichen Potential haben um die Navigation auf diversen Seiten zu erleichtern??1-6	FRAGE3 Denkst du, dass der einheitliche Einsatz von Icons in Customer Service Bereichen Potential haben um tatsächlich ohne zusätzliche Beschreibungen via Text verstanden und richtig interpretiert zu werden? 1-6	FRAGE4 Um wieviel % kann die Eindeutigkeit und Wiedererkennbarkeit durch die einheitliche Gestaltung der Icons in den Customer Service Bereichen der Telekommunikationsbrache gesteigert werden? Wird auch User Experience genannt. 1-6	FRAGE 4 in %	FRAGE 4 Zusatz
Markus Pfeifer				2		83%1 = 100%
Kathrin Haslwanter				2		83%2=83%
Franz Fembek				4		50%3=67%
Jochen Mantler						100%4=50%
Martin Rotter						83%5=33%
Sabine Mantler				2		83%6=17%
Kerstin Gold						100%
Matthias Gold						83%
Sandra Christmann						100%
Markus Leibrecht				3		67%
Sabrina Zimmer						83%
Lisa Koschatzky						83%
Steffi Reithofer				4		67%
Markus Gradenberger						83%
Martina Häring						83%
Summe	22	19	56	31	123%	
Mittelwert	1,47	1,27	3,33	2,07	82%	

Abbildung 27: Die Antworten des abschließenden Fragenkatalog.

8.10 Detailauswertungen zu den Fragen der Phase 4

TP FRAGE 1	Handelt es sich bei eingesetzte Icons in Kundenkommunikationsbereiche um verzichtbare Designelemente? (1=unverzichtbar-6 = verzichtbar)
Markus Pfeifer	1
Kathrin Haslwanter	1
Sabine Mantler	1
Kerstin Gold	1
Matthias Gold	1
Markus Leibrecht	1
Lisa Koschatzky	1
Steffi Reithofer	1
Sabrina Zimmer	2
Sandra Christmann	2
Markus Gradenberger	2
Martina Häring	2
Franz Fembek	2
Jochen Mantler	2
Martin Rotter	2
Median	1
Summe weiblich inkl Druchschnitt	1,36
Summe männlich inkl Druchschnitt	1,57
in %	

TP FRAGE 2	Denkst du, dass der einheitliche Einsatz von Icons in Kundenkommunikationsbereichen Potential haben um die Navigation auf diversen Seiten zu erleichtern??1-6
Markus Pfeifer	1
Kathrin Haslwanter	1
Martina Häring	1
Jochen Mantler	1
Martin Rotter	1
Lisa Koschatzky	1
Steffi Reithofer	1
Markus Gradenberger	1
Kerstin Gold	1
Matthias Gold	1
Sandra Christmann	1
Markus Leibrecht	1
Sabine Mantler	2
Sabrina Zimmer	2
Franz Fembek	3
Median	1
Summe weiblich inkl. Durchsch	1,13
Summe männlich inkl. Durchsc	1,29
in %	

TP FRAGE 3	Denkst du, dass der einheitliche Einsatz von Icons in Customer Service Bereichen Potential haben um tatsächlich ohne zusätzliche Beschreibungen via Text verstanden und richtig interpretiert zu werden?1-6
Markus Leibrecht	1
Jochen Mantler	1
Martin Rotter	2
Kathrin Haslwanter	3
Markus Pfeifer	3
Sabine Mantler	3
Kerstin Gold	3
Markus Gradenberger	3
Franz Fembek	4
Steffi Reithofer	4
Matthias Gold	4
Sandra Christmann	5
Sabrina Zimmer	5
Lisa Koschatzky	5
Martina Häring	6
Median	3
Summe weiblich inkl Druchschnitt	4,00
Summe männlich inkl Druchschnitt	3,00
in %	

TP FRAGE 4	Um wieviel % kann die Eindeutigkeit und Wahrnehmung durch die einheitliche Gestaltung der Icons in den Customer Service Bereichen der Telekommunikationsbrache gesteigert werden? Wird auch User Experience genannt. 1-6
Jochen Mantler	1
Kerstin Gold	1
Sandra Christmann	1
Markus Pfeifer	2
Kathrin Haslwanter	2
Martin Rotter	2
Sabine Mantler	2
Matthias Gold	2
Sabrina Zimmer	2
Lisa Koschatzky	2
Markus Gradenberger	2
Martina Häring	3
Steffi Reithofer	3
Markus Leibrecht	3
Franz Fembek	4
Median	2
Summe weiblich inkl. Durchsc	1,88
Summe männlich inkl. Durchsc	2,29
in %	

Abbildung 28: Die Detailauswertungen zum abschließenden Fragenkatalog.

www.ingramcontent.com/pod-product-compliance
Lightning Source LLC
LaVergne TN
LVHW042257060326
832902LV00009B/1105